新規大型案件を獲得できる

最強の営業メソッド

The strongest sales method

同友館

はじめに

● 営業パーソンがサバイバルするには

「大企業のお客様から契約を獲ってこい」と経営者やマネージャーから何度も言われ、耳にタコができている営業パーソンは多いでしょう。高額の契約を獲得できるだけでなく、それを利用して他社への営業の横展開もしやすくなるので当然ですね。

大型案件獲得は素晴らしいことですが、それだけではありません。大型案件獲得のスキルが身に付くと、今後、営業のプロとして生き抜きやすくなります。その理由は、「人」が営業することの付加価値を出しやすいからです。逆に、付加価値が低い営業法しかできなければ、その仕事は近い将来、機械に置き換えられてしまう恐れが大いにあります。

たとえば、オックスフォード大学の研究では、保険営業や訪問営業、不動産営業などは、かなりの確率で将来 AI（人工知能）に取って代わるとされています。私が子供の頃にあった、電話交換や活版の植字、ワープロ打ちの事務といった仕事は技術の進展とともに無くなりました。モノの販売においても、下手な営業に質問するよりもホームページを見る方がわかりやすく、いつでもどこでも注文できます。また、レコメンデーション機能により、その人の嗜好に合ったお勧め商品を自動的に教えてくれたり、購入した人の評価も見られたりします。このように、機械よりも、人が営業をする価値を出しにくい分野では、営業パーソンの仕事は無くなっていくと思わざるを得ません。

けれども、大型案件の獲得は、人が営業する価値を出すのにうってつけです。というのも、大型案件の場合、課題とその解決策が複雑であり、その案件に関連する顧客のキーパーソンは通常、複数人存在し、さらに社内稟議プロセスも複雑です。そのため、営業の進め方の企画力や、コミュニケーション力やソリューションの提案力、交渉力など、「人」ならではの能力が必要になり、機械化が難しいからです。したがって、「大型案件獲を獲得できたらいいな」ではなく、営業として将来にわたって活躍するために、「大型案件獲得のスキルを身につけるのは、営業パーソンとして必須」だといえます。

▶ 大型案件獲得の方法を誰が教えてくれるのか

　では、こうすれば大型案件を獲得できるというノウハウを持っている人がどれだけいるでしょうか？社内で教えてくれる人はいますか？営業で偉くなった人も右肩上がりの景気の良かった時代で、営業にそれほど苦労しなかった時の成功体験しか持っていないことはよくあります。幹部や営業リーダーにどうすれば良いのか聞くと、「自分で考えなければ身につかないよ」とか「胃に穴をあけるくらい頑張らないと、一人前になれない」、「机に座って考えてないで、とにかく外に出よ」などと、何の手法もなく、ただ営業の活動量を増やすことを強いるだけの答えしか帰ってこない。またベテランの営業パーソンは、自分自身の成績を維持するために、自分のノウハウを人に教えようとしない傾向もあります。

　それでは営業方法に関する書籍や社外の営業セミナーなどはどうでしょうか？残念ながら、大型案件の獲得法をしっかり教えているものはほとんどないと思います。大型案件獲得のためには、提案営業を強化する必要がありますが、そのために、顧客との面談に使う質問技法や、ソリューション営業のプロセスを教えることが多いと思います。しかし、これらは必要ではありますが、それだけでは十分とはいえません。

▶ 本書の目的

　私が本書を書こうと思ったのは、これまでの私自身の経験に基づいて得た、大型案件獲得のためのノウハウを体系化し、多くの方々に知ってもらいたいと思ったからです。

　私は日本アイ・ビー・エム株式会社に勤めましたが、特に営業部門が25年と長く、その中には8年間の大型案件を発掘することがミッションの仕事も含まれていました。顧客への営業活動を行うだけでなく、そのための営業手法開発のリーダーも務めました。はじめは苦労しましたが、約300社に手法を適用し、粘り強く手法の改善を重ねました。その過程で、超大型案件も獲得し、日本アイ・ビー・エム社長賞を受賞することもできました。また、この手法はIBMの標準的な営業法の一つとして認められ、営業系社員に教える講師を何回も務めてきました。営業部長や営業企画部長、米国IBM駐在なども経験し、管理者としての知見を蓄積しました。

　現在は、日本アイ・ビー・エムを辞め、独立起業し、営業力強化に関す

る中小企業の顧問先への支援などを行っています。その中で経営者からの要望の多くは、大企業や有名企業で案件を獲得し、それを利用して他の企業にも営業攻勢をかけたいというものです。特によく聞く悩みは、案件機会を発掘する難しさです。「提案機会さえもらえれば、それから先はいつも行っていることので、なんとかなるのですが」と口をそろえて言われます。中小企業には、大企業から大型案件に関する提案依頼や問い合わせはなかなか来るものではありません。飛び込み営業をしようにも、昔と違って企業のセキュリティは強化され、何の約束もないのでは、顧客の受付カウンターを突破することもできません。

　独立起業後は、日本アイ・ビー・エム時代に培ったIT企業向けの営業手法だけでなく、様々な業界・業種の企業でも使えるように、より汎用的な手法を目指して改善を続けました。人に教えられるような体裁にまとめるのに約3年かかりましたが、これを使っていただくことで、支援先はだんだんと大企業に対してアプローチし、案件を獲得できるようになりました。また、下請けの仕事が9割であった支援先が、元請けではなく、エンドユーザー企業に直接営業できるようになり、今では約半分の仕事がエンド直になったところもあります。こうして日本アイ・ビー・エム卒業後の第二の人生を過ごす中で、この営業手法をもっと多くの方に知っていただきたいと思うようになり、本書を執筆しました。

▶ 本書の特徴

　大型案件獲得にフォーカスし、そのための営業手法を説明していることが本書の特徴です。特に、顧客の課題の発見・整理を通して、大型案件を発掘し、提案機会を得る手法を詳しく説明しています。

　顧客にとって大型案件は、ほとんどの場合、企業全体や事業に関して重要な変革に関わるものです。そのため、何の課題を解決するために、どうやって変革するのかを明確にすることが重要になります。一般に教えられているソリューション営業法は、顧客の課題に対して、どうやってソリューション（解決策）を提案するのかに注力しますが、大型案件の場合、それだけでは不十分です。というのも、第2章で詳しく説明するように、顧客は、解決策以前に、課題自体が明確になっていないということが非常に多いのです。顧客は、この課題の明確化や経営改革に関して援助し

てくれたり、有用な情報提供したりしてくれる社外の人を求めています。この顧客の企画段階からコンタクトすることで、大型案件の機会を得やすくなり、競合他社よりも優位に立つことができます。

では、顧客の課題の発掘や整理に関して、これまで営業向けに教えられているものがあるかというとほとんどありません。質問技法や「顧客にナゼ？ナゼ？と5回は聞いて、問題の真因を見つけましょう」といった教えもありますが、それで効果的に顧客の課題を明確化できると考えるのは、あまりにナイーブです。なぜなら、初回面談でもらえる時間は多くの場合、せいぜい1時間でしょう。挨拶などの時間を考えると、正味の時間はもっと短くなります。言うまでもなく、顧客は自分の仕事に関してはプロです。その顧客に、初対面の営業パーソンが少し質問するだけで、課題に関する気づきを与えられると考えるのは無理があります。

本書では、今述べたような、これまで一般に知られている営業手法の限界を乗り越えるために、筆者が独自に開発した手法を説明します。これは自分で実践するとともに、営業力強化のための支援先で教えて効果があった手法です。主に次の2つの手法を本著で詳しく説明します。

- POLO（ポロ）法
  - 顧客との初回面談前に顧客の課題をできるだけ仮説ベースで想定する手法
  - それを基に顧客との初回面談で顧客の課題を発見・確認すると共に、課題の解決策を提案する機会を得るための手法
- CMBOI（コンボイ）法
  - 課題を発見するための成熟度診断ツールを作成する方法
  - 成熟度診断ツールを用いて、顧客との成熟度診断を実施し、案件機会を獲得する方法

また本書の特徴として、大型案件獲得のためのスキルをどうすれば身につけることができるかについて、図表を多く使いながらわかりやすく説明します。

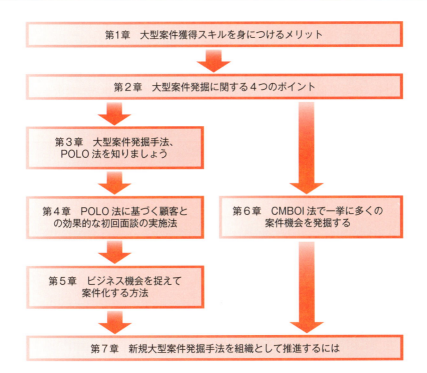

▶ 本書の構成

本書は、上図のように7つの章で構成されています。

- 第1章 「大型案件獲得スキルを身につけるメリット」

　　大型案件獲得のためのスキルはあったらよい（nice to have）ではなく、これからは必要（need to have）であることを説明します。また、大型案件と他の案件との違いを比較し、大型案件獲得のスキルの強化は、どのような特徴があり、大型案件ならではのやりがいは何かを説明します。

- 第2章 「大型案件発掘に関する4つのポイント」

　　大型案件発掘のための営業において、押さえておくべき4つのポイントを説明します。これを理解いただくと、第3章以降の手法を習得しやすくなります。

- 第3章 「大型案件発掘手法、POLO法を知りましょう」

　本書で説明する課題発見手法は大きく、POLO法とCMBOI法の2つに分けられます。この章では、POLO法を使って顧客との初回面談の前に、顧客の課題を想定する方法を説明します。この事前準備をしっかりすることで、初回面談において顧客の課題の発見や整理の支援を効果的に行うことができます。

- 第4章 「POLO法に基づく顧客との効果的な初回面談の実施法」

　第3章で説明する、POLO法に基づいた初回面談への準備の結果を使って、顧客との初回面談を効果的に実施する方法を説明します。

　また、顧客とのラポールの形成や傾聴ができなければ、顧客に思うように話してもらえず、手法を活用することはできません。そのため、初回面談に役立つコミュニケーション法も説明します。

- 第5章 「ビジネス機会を捉えて案件化する方法」

　面談の結果、顧客が取り組むことに合意した課題について、解決策を提案する際のポイントを説明します。特に、顧客が満足する提案の条件や案件を大型化するための提案のこつ、顧客のキーパーソンの確認法について詳しく説明します。

- 第6章 「CMBOI法で一挙に多くの案件機会を発掘する」

　CMBOI法は成熟度診断を用いた案件発掘法です。例えば、セキュリティ管理、オフィス業務効率、ワークスタイル変革などのテーマに関して、その成熟度を何段階に分けて定義し、それを参照しながら、現在の段階を診断すると共に、改善に向けての施策を見出すものです。

　成熟度診断ツールを作るのには労力がかかりますが、一旦、作ってしまえば、経験の少ない営業パーソンでも、これを使って課題発見営業を行うことができます。

　成熟度診断ツールを営業用にどう作るかを説明した類書は、著者の知る限りありません。第6章では、成熟度診断ツールの作り方と、このツールを使った顧客との成熟度診断セッションの実施を通して、案件機会を発掘する方法を説明します。

● 第7章 「新規大型案件発掘手法を組織として推進するには」

　従来からよく行われている営業管理法では、大型案件獲得手法の定着化の足を引っ張りかねません。営業管理者やリーダー向けに、大型案件獲得を狙った営業法を推進するための管理法や支援の仕組みの構築法を説明します。

▶ 本書から得られるもの

　筆者は、これまで多くの案件に関わるとともに、営業力強化の支援などから、試行錯誤をして大型案件獲得のための知見を蓄えてきました。それを手法として体系化し、筋立てて説明できるようになるのに、大変長い年月がかかりました。本書をお読みいただくことで、そのような労力をショートカットできます。ぜひ、日々の営業活動に本書の手法を利用いただき、大型案件獲得の確度を高めていただきたいと思います。

　それでは、本書の内容に進みましょう。

2019年3月

北澤　治郎

新規大型案件を獲得できる
最強の営業メソッド

目次 Contents

[はじめに] ………………………………………………………… i

第1章 大型案件**獲得スキル**を身につけるメリット ——— 1
- 営業パーソンの存在価値を将来も維持できる ………… 2
- 大型案件は他の案件とどこが違うのか ………………… 6
- 大型案件機会は無くならない ……………………………… 8
- 大型案件獲得は「三方良し」で深い満足が得られる … 10
- 手法を身につければ不安を減らせる …………………… 12
  - 第1章のまとめ …………………………………………… 14

第2章 大型案件発掘に関する**4つのポイント** ——— 15
- ポイント1：こちらから提案を仕掛ける必要がある …… 16
- ポイント2：課題の発見・整理で顧客を支援する ……… 20
- ポイント3：上流ステップの営業力を強化する ………… 36
- ポイント4：ロジカルな営業活動が大切 ………………… 40
  - 第2章のまとめ …………………………………………… 43

第3章 大型案件発掘手法、**POLO法**を知りましょう ——— 45
- 質問手法が課題発見に十分ではない理由 ……………… 46
- 大型案件機会の発掘手法、POLO法とは ……………… 50
- 顧客のビジネス目標や戦略を調べる方法 ……………… 64
- 顧客の課題を想定する方法 ……………………………… 76
- 顧客視点で解決策の候補を検討する方法 ……………… 87
- POLO法のロジックツリーに磨きをかける方法 ………… 91
  - 第3章のまとめ …………………………………………… 94

第4章 POLO法に基づく**顧客**との**効果的**な初回面談の実施法 ——— 95

- 初回面談前の準備 ………………………………………… *96*
- 初回面談の実施法 ………………………………………… *101*
- 初回面談での POLO 法のロジックツリーの活用法 ……… *119*
- 初回面談の振り返り法とアカウントプランの作成法 …… *123*
  - 第4章のまとめ ………………………………………… *129*

第5章 ビジネス機会を捉えて**案件化**する方法 ——— 131

- 初期提案の準備法 ………………………………………… *132*
- 初期提案の実施法 ………………………………………… *154*
- 案件機会を確実に前に進めるために ……………………… *165*
  - 第5章のまとめ ………………………………………… *172*

第6章 CMBOI法で**一挙に多く**の案件機会を発掘する ——— 175

- 営業ツールとしての成熟度診断とは ……………………… *177*
- 成熟度診断による案件発掘の流れ ………………………… *183*
- 成熟度診断ツールの作成法 ………………………………… *191*
- 診断セッションのファシリテーション法 ………………… *200*
- 成熟度診断は組織で推進する ……………………………… *205*
  - 第6章のまとめ ………………………………………… *208*

第7章 新規大型案件発掘手法を**組織として**推進するには ——— 211

- 一般的な営業法となにが違う ……………………………… *212*
- 大型案件発掘手法推進にはリーダーが必要 ……………… *214*
- 大型案件発掘手法を適用するターゲットの選定法 ……… *216*
- 大型案件発掘推進のための管理指標 ……………………… *220*
- 体系的な組織人事・評価制度の必要性 …………………… *224*
  - 第7章のまとめ ………………………………………… *227*

[おわりに] ………………………………………………………… *229*

大型案件
獲得スキルを
身につけるメリット

第1章

「大型案件の契約をバンバン獲得できれば、上司によくやったと褒められるし、ボーナスや表彰などで認められる。それは大型案件が獲れたらいいよ。メリットは自明じゃないか」と思われるかもしれません。

確かにそれらはメリットですが、プロの営業として職業人生を歩んで行く上でも大きなメリットがあります。

営業パーソンの存在価値を将来も維持できる

近頃は次のようなニュースを毎日のように見かけます。

- コールセンターの問い合わせで「誰でも対応できること」はAI任せて、より少ない人員での業務実施を可能に
- 米アマゾン・ドット・コムの倉庫ロボットは、自動で商品の仕分けや運搬を実施
- 生命保険会社で保険査定業務をAIで代替し、人員を削減
- ITシステムの運用・保守にAIを活用し、大幅な人員削減を実現
- トヨタ自動車は2020年頃に高速道路での完全自動運転、2020年代前半～半ばには一般の公道での完全自動運転の実用化を目標に

これまで人が行っていた仕事を人工知能が代わって行う時代になってきました。営業の仕事はどうなるのでしょうか？人工知能や音声認識技術などにより、顧客からの商品やサービスに関する質問への回答支援もコンピュータで行えるようになりました。かなり複雑な質問に対しても、的確な回答ができ、少し前まで人間でないと無理と思われてきたこともこなせるようになってきています。営業の仕事も、すべてでは無いにしても、徐々にコンピュータに置き換えられていくことは確実です。

オックスフォード大学の研究者が発表した論文「雇用の未来：いかに仕事はコンピュータ化の影響を受けやすいか」では、図表1－1のような分析結果が発表されています。これはアメリカ労働省のデータに基づいて、702職種が人工知能に置き換えられるかどうかを試算した結果だそうです。これを見ると、営業系職種のいくつかが、置き換えられる可能性が高いとして、リストアップされています。やはり比較的シンプルで定型的な

1-1 10年後に無くなる職業？

(注) オックスフォード大学のマイケル・A・オズボーンとカール・ベネディクト・フレイが2013年に発表した論文「雇用の未来：いかに仕事はコンピュータ化の影響を受けやすいか」を参考に作成

業務は、人が行うことは無くなっていきそうです。ご存知のように、企業で発生する最も大きなコストの一つは人件費です。したがって、省力化や自動化ができる部分は、どんどんそうなっていきます。逆に、人間ならではの要素、例えば感情の読み取りや人と人のふれあいなど、ヒューマンタッチが欠かせない仕事は、将来も人が行っていくということが言えそうです。

　もう少し、営業を取り巻く環境を見てみましょう。インターネットに代表される情報化の前は、営業が商品を紹介するだけで買い手に感謝される

1-2 対面営業パーソンの存在価値はなくなってしまう？

ような時代がありました。「売り手」が「買い手」よりも圧倒的に多くの専門知識と情報を持っているという、いわゆる「情報の非対称性」があったのです。ところが情報化の進展により、営業の仕事がここ数年、激しく変わってきました。今や顧客は様々なソースから素早く簡便に情報を得ることができるようになりました（**図表1-2**参照）。インターネットには情報があふれており、情報の海に溺れる心配をする必要すらあるようになってきています。またベンダーによるセミナーや展示会なども頻繁に行われています。

1-3 顧客の購買行動にインターネットが与える影響は大きい

購買過程でのネット検索利用率

購買検討時の製品企業サイト閲覧率

（参照）2BC株式会社　2014年調査レポート
「中小企業マーケットにおけるIT製品の購買実態調査」
https://www.2bc.co.jp/news/2014/smb-it-buyer-report

　また、顧客はよくベンダーの商品やサービスを調べています。大型案件の場合、大企業が多くなりますが、特に、大企業の顧客はそうです。私はこれまで何百社という大企業を訪問してきました。大企業の場合、戦略を考えたり、企画を練ったり、ベンダーを管理したりすることが仕事のメインである人も多くいます。そういう人達は、ベンダーとその商品やサービスを本当によく勉強されているので驚くことがよくありました。大企業の場合、調査にもお金をかけますし、ベンダーも大企業は大事な顧客であるので、特別に勉強会や見学ツアーなどに招待したりします。そのため、知識では一般的な営業パーソンよりもその商材について詳しく知っているという笑えない事態も起こります。私が担当していた顧客の中には、ベンダーを言い負かすのを楽しみにして、ベンダーと会うのを手ぐすねを引いて待っている人もいました。単なる商材の説明では、顧客から「そんなことは知っているよ」とか、「営業の説明を聞くより、ホームページを読む方がわかりやすい」などと言われてしまうようになってきました。

　ちなみに、**図表１－３**は顧客の購買行動にインターネットが与える影響を示した調査結果の例です。今や、購買にあたって、インターネットでベンダーの企業情報やその商品をチェックする顧客がほとんどであることがわかります。

　このように売り手と買い手の間の情報格差が縮まっており、買い手が営業パーソンを介さずに購買するケースがどんどん増えています。その背景

には、e-commerce や CRM（カスタマー リレーションシップ マネジメント）、デジタルマーケティングなどの技術の進歩があります。これらにより、価格比較機能やレコメンデーション機能、購入者の口コミを閲覧できる機能、スマートフォンでも簡単に購入できるなど、購買決定の背中を押す機能が提供されるようになりました。また、ネットで購買する際の決済手段も増え、更に、注文した品の配送の状況も教えてくれるようになりました。

このような進展の結果、かつてはネットで売買されていなかったものが、どんどんインターネット上で取引されるようになっています。例えば、自動車保険は、以前、自動車ディーラーや修理工場などの店頭で契約されることがほとんどでした。けれども、今や自動車保険の見積もりから契約まで、多くの人がパソコンやスマートフォン上で行うようになりました。企業によってはインターネット上だけで、マーケティングから販売・受注処理を行うところも出てきました。こうようにして販売店を設置したり、営業パーソンを置いたりすることを止めることで経費を節減し、商品の価格を抑えるというビジネスモデルを採用する企業も増えています。以上のように、情報技術などの進展によって、人が営業することの付加価値を出しにくくなってきている状況が増えているのです。

ただ、大型案件は、他の案件と比べて、人が営業することの付加価値をより出しやすく、今後も機械に置き換えることは困難です。その理由を次に確認してみようと思います。

大型案件は他の案件とどこが違うのか

大型案件と少額・納期志向の案件、それぞれの特徴を表したのが図表1−4です。

まず、顧客の課題ですが、大型案件の場合、顧客の課題が明確でない、あるいは課題が明確になっても、その解決法がわからないということは日常茶飯事です。自分の会社や自部門の課題はわかっているのでは、と思われるかもしれませんが、実際、大型案件がらみで顧客に接してみると、そうではないことに頻繁に出くわします。あなたがお勤めの会社のことを考えてください。あなたの会社の経営陣やマネージャーは自社や自部門の課

1-4 大型案件は他の案件とどこが違うのか

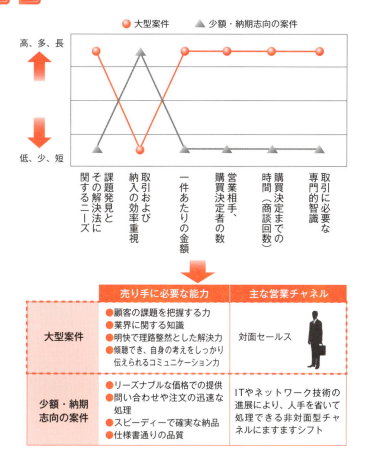

題を完全に把握していると思いますか。なぜ、自社や自部門の課題を明確にできないかの理由については第2章で詳しく触れます。

　これに対して、少額の価格・納期志向の案件の場合、顧客は、課題とその解決方法はわかっており、購買したいものもわかっているので、顧客の関心は効率良く、そしてできれば安く購買をしたいということに集中します。例えば、もっぱら価格の安さや、簡単に入手できることなどを基準に選択されるコモディティ化した商品や、いつも使っている消耗品や部品の補充のための注文のような場合です。

購買にかかわる顧客の数や決定までのプロセスについてはどうでしょうか？大型案件の場合、高額の製品やサービスの購入ですから、意思決定者や承認者、購買管理部門、現場ユーザー、技術評価部門など、顧客の中で関わる人の数は多くなります。また、商談の回数は多くなり、顧客内の稟議のプロセスも長くなり、短くて数ヶ月、長いものだと数年かかることもあります。

少額の価格・納期志向の案件の場合、購買にかかわるのは少人数です。また、購買の意思決定にかかる時間は短く、購買プロセスも比較的シンプルです。

以上のように、少額の価格・納期志向の案件と異なり、大型案件の場合は、顧客の課題を把握する力や業界に関する知識が必要です。また課題をロジカルに考えて解決し、複雑になりがちなコミュニケーションや交渉をうまく行う力が必要です。例えば、顧客の発言の内容だけでなく、表情や姿勢、声の調子といったものにも注意を向け、行間を読み取る必要があります。このように、大型案件に関して人が行う営業活動をAIなどの機械に置き換えることは困難であり、今後も対面営業パーソンは活躍できます。

大型案件機会は無くならない

大型案件獲得の手法を覚えようとしても、その大型案件の機会が今後減っていくのではやる気がでないと思う方もおられるかもしれません。けれでも、心配はご無用です。大型案件は今後も無くなりません。

その理由は、
- 今後も、ビジネス環境はますます複雑になり、グローバル規模での競争の激化とともに、その変化のスピードは更に速くなる。
- 企業はその変化に対応するため、経営変革をし続ける必要がある。経営変革は企業にとって大きなプロジェクトであり、営業からみると大型案件である。

市場はグローバル化や技術の進歩、人々の嗜好の変化、法律や規制の変化などにより、常に変化し、その複雑性がますます増加しています（**図表**

1-5 大型案件は無くならないので、心配は無用

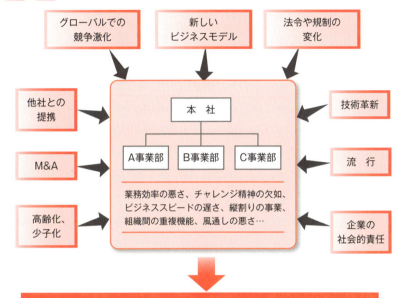

1-5を参照)。また、そのスピードもグングン上がっています。蒸気機関や自動車、鉄道の普及の例のように、昔は100年、あるいはそれ以上かかった変化が、今やスマートフォン、IoT、クラウドなどでみられるように、先進ユーザーが使い始めてから広く普及するまでに、たった数年から十数年しかかからず、それもグローバル規模のパラダイムシフトが起こります。

　日本の家電業界のように、自他共に認める世界に冠たる企業であっても、それまでの成功体験にしがみついたり、社内政治にあけくれたりしていると、あっという間に海外の競争相手の後塵を拝するようになってしまいます。自動車業界も、電気自動車の時代が到来し始め、自動車が家電になるという大きな変革が起ころうとしています。また自動運転のように、AIなどIT領域での技術力も問われるようになってきています。ガソリンやディーゼルのエンジンの時代に、開発や生産の力を競った時代が様変わり

しようとしており、日本の自動車業界の将来も予断を許さない状況です。

　保守的で、変化を嫌っていても、安定した業績を続けられた古き良き時代は過ぎ去りました。もう大分前のことですが、私は旧財閥系の金融機関を担当したことがありました。ある時、訪問した際に、「当社の課題は今後10年も何も変えずに今のシステムを使い続けることだよ」と真顔で言われたことがありました。当時、その顧客のビジネスは安定しており、非常に保守的でした。このような変革の必要性をあまり感じていない企業では、大型案件はなかなか発生しません。当然、今では、この顧客の雰囲気もまったく変わり、様々な変革に必死に取り組んでおられます。

　今は、どこの業界・業種でも、ビジネス環境は激しく変化しており、それへの対応として、企業は変革を行っていかなければ存続できません。変革をするためには、先進技術を取り入れたり、グローバル化を推進したりすればよいというだけの話では勿論ありません。

　社内に抱えている問題の解決をして、コスト競争力を高めたり、自社のビジネススピードを上げたりする必要があることも多くあります。例えば、社内の業務プロセスに存在する「ムリ、ムダ、ムラ」を取り去り、効率化を図るための業務変革や、社内の風通しの悪さを改善するための企業文化や組織設計に関する変革、縦割りの組織に起因する重複機能（例：各事業部がそれぞれ似たような間接業務を行う人員を抱えている）を社内の共通リソースとして合理化する、更にはそれを社外にアウトソーシングするといった変革もあります。

　こういった、企業全体、あるいは一部の事業の変革は今後もずっと必要となり、そのようなプロジェクトは投資額も大きくなるので、大型案件は今後も無くなることはありません。

大型案件獲得は「三方良し」で深い満足が得られる

　「大型案件を獲らねばならない」という強い気持ちは必要ですが、それは自分のためだけでなく、大型案件は他者への貢献が大きいことも強調したいと思います。すなわち、大型案件獲得は、「売り手良し、買い手良し、世間良しの三方良し」であるので、営業パーソンは深い満足を得ることができるのです。

▶ 売り手良し

「営業は辛い仕事」と言われることが多いのも確かだと思います。「ノルマに追われる」、「目標未達だと営業会議で吊し上げをくう」、「顧客に頭を下げるばかりで辛い」、「口がうまくない、内向的な人には苦痛」など。ただし、企業によっては、営業にノルマを課していないところもあります。また、頭を下げ続けていれば、売れるというものでもありません。口達者でなくとも誠実に顧客の話に耳を傾け、顧客に役立つ提案できる人の方が、立て板に水でしゃべるだけの人より成績が良いことは多くあります。このように営業という仕事に対するネガティブな評価は、どういう企業、あるいは上司の下で働くか、あるいは何を売るのか、どんな顧客を担当するのか、などにより千差万別です。

では営業パーソンはどんな時にやりがいを感じるでしょうか？苦労した末、契約が取れたときの達成感や、成果がわかりやすく評価や報酬に表れる事、顧客から感謝された時などでしょうか？知り合いの中には、外出が奨励されるので、嫌な上司に会わずにすむところがよいと言う人もいました。

大型案件の場合、獲得した営業パーソンの評価や報酬が高くなるだけではありません。営業パーソンは会社の代表として社外の顧客と相対するので、自分の仕事が何の役に立っているのかわかりやすいメリットがあります。特に大型案件は、業務の効率化や研究開発力の強化、グローバル化など、顧客にとって何らかの経営変革や事業改革に関する大きなプロジェクトであるので、顧客に対する貢献も見えやすく、大きなやりがいを感じることができます。

▶ 買い手良し

上述のように大型案件は、多くの場合、顧客企業全体や事業部の変革を目指す大切なプロジェクトです。それに合ったソリューションを売り手から購買することで、成功裡にプロジェクトを完成させ、企業のビジネス革新や成長を実現します。例えば、売上やシェアの向上、コスト削減による収益の増大などです。このように買い手の企業にとってのメリットが大きいだけでなく、担当者も大型プロジェクトを無事成功させれば、社内で評価され、将来のキャリアが明るいものになります。

● 世間良し

　大型案件の顧客が企業変革により市場の変化に対応し続け、ビジネスを継続できれば、社員とその家族の生活も安定し、その住む地域も活性化します。経営学者のピーター・ドラッカーの言葉にあるように、企業の活動目的は、自社の商品やサービスによる社会への貢献であり、永続企業体（ゴーイング・コンサーン）としてその活動を継続することです。社会にとって価値のある商品やサービスを提供するからこそ、企業はその対価を得られ、その連鎖反応で社会全体が活性化していきます。

　以上のように、大型案件を獲得できると、営業パーソンは自社、顧客、そして社会へ貢献することができます。近年、アドラー哲学が注目されるようになりましたが、アドラーは「共同体に貢献していると感じられるときに、自分に価値があると思え、幸せを実感できる」と言っています。また、多くの障害者を雇用しながら会社を成長させてきた日本理化学工業の大山泰弘会長も、「人はどういうときに喜び、幸せを感じるのか」について、「人から愛されること、人にほめられること、ひとの役に立つこと、そして、人から必要とされること、これは、人間の究極の4つの幸せです」と述べています。大型案件獲得のための営業活動は、収入やポジションのアップだけでなく、このような深いやりがいを得られる仕事だと思います。

手法を身につければ不安を減らせる

　顧客への訪問は誰でも緊張します。特に、初回訪問では、どんなお客様だろうか、お客様と課題に関する合意を首尾よく取れるだろうか、せっかく苦労して取れた面会の機会が無駄にならないだろうか、などと期待と不安が交錯することが多いと思います。

　訪問前にすべきこととして、一般的に言われるのが、顧客のホームページを見ておくことです。もちろん、これもせずに訪問をするのは論外だと思います。けれども顧客のホームページに自社の課題や悩み事が載っているわけではありません。どんなに魅力的な会社であり、素晴らしい商品やサービスを提供しているかについて、綺麗にまとめられているのが一般的

な会社のホームページです。せいぜい、どこかの企業と提携したとか、新しい工場を建てたといったニュース情報を顧客のホームページから得て、会話のきっかけに使うぐらいのことが多いと思います。

　他に顧客訪問前の準備としてよく行われているのは、売りたいと思っている商材から、顧客の課題を想定しておくことです。そうして顧客に会った時に、その想定が正しいかどうかを顧客に確かめてみようというわけです。例えば、「当社の製品では、こんな課題解決ができますが、ご興味があるでしょうか？」、「当社の商品を使わないで、現在の状況のまま放置すると、大きな不利益が生じると思いますが、いかがでしょう？」といった具合です。これも、顧客から「そのような課題は感じていません」と言われてしまえばおしまいです。また、この営業アプローチは、どちらかというと売りたい商品ファーストであり、顧客ファーストの営業とは言い難いと思います。

　初回面談で顧客からもらえる時間はせいぜい1時間までででしょう。最初の挨拶やラポールを形成するための会話に使う時間を除くと、実質の時間はもっと短くなります。この限られた時間を効果的に生かすための準備が大事ですが、どうすれば、そのような準備ができるのかを知らないと不安は解消できません。

　本著で説明する手法を使って準備をすれば、今まで以上に顧客視点での課題の想定をすることができます。このため、双方にとって有意義な会話をしやすくなり、初回訪問に対する不安を減らすことができます。さらに、顧客視点で課題を検討するため、顧客と課題に関する合意をしやすくなります。その結果、顧客の課題に関する解決策の提案をさせてもらう次回の約束を取り付けやすくなります。このように本書で述べる手法を身につけることで、顧客訪問がより楽しく、かつ効率的に行えるようになります。

第1章のまとめ

1 大型案件獲得スキルを身につければ、将来も明るい

現在の営業成績が上がるだけではなく、インターネットやAIを駆使した営業の機械化が進んでも、将来にわたって営業パーソンの付加価値を出せる

2 大型案件の場合は、顧客の課題を把握する力が特に必要

比較的シンプルで定型的な案件や顧客からの問い合わせを起点とする営業法との大きな違い

3 大型案件の機会は無くならない

市場の複雑化や変化のスピードの増加、グローバル規模での競争激化に対応するため、企業は経営変革をし続ける必要がある

4 大型案件獲得は職業人として深い満足が得られる

売り手良し、買い手良し、世間良しの「三方良し」

5 大型案件獲得手法の手法を身につければ顧客への初回訪問も怖くない

顧客訪問への不安が楽しみに変わり、限られた時間をより有効に活かせるようになる

大型案件発掘に関する
4つのポイント

第2章

大型案件発掘のための手法を詳しく説明する前に、大型案件の獲得のための4つのポイントを説明します（下図を参照）。

これらのポイントを意識することで、手法の意味が理解しやすくなります。それでは、ひとつひとつみていきましょう。

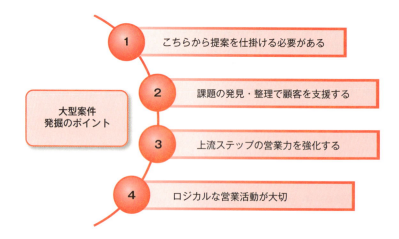

大型案件発掘のポイント
1. こちらから提案を仕掛ける必要がある
2. 課題の発見・整理で顧客を支援する
3. 上流ステップの営業力を強化する
4. ロジカルな営業活動が大切

ポイント１：こちらから提案を仕掛ける必要がある

大型案件はどういう企業で発生しやすいでしょうか？やはり資金力のある大企業ですね。図表２−１は、大企業の経常利益と設備投資の平均金額を中小企業のそれと比較したものです（2018年版中小企業白書のデータから算出）。中小企業の中にも勿論、投資に積極的な会社もありますが、平均値でみると、大企業は圧倒的に成長のための大きな投資をしやすい財務体質を持っていることがわかります。

ちなみに各業種の中小企業の定義（中小企業基本法による）は右表の通りです。この定義よりも大きい会社が大企業になります。

次に、企業数でみてみると、日本にはトータルで382万社ありますが、その99.7％が中小企業で、大企業はたった0.3％の1.1万社です（図表２−２を参照）。一方、日本の総従業員数は4794万人ですが、中小企業で働く人の数はその約70％であり、大企業の従業員数は残りの約30％です。したがって大企業の平均社員数は約1300人であるのに対して中小企業は９名と、大企業の社員数は圧倒的に多いことがわかります。更に、日本の大企

2-1 大型案件はやはり資金力のある大企業で発生しやすい

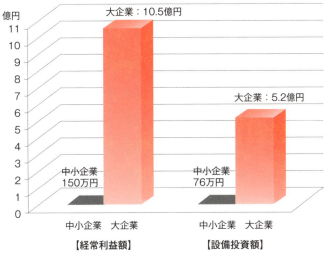

経常利益と設備投資の平均金額比較

（2018年版中小企業白書のデータに基づき算出）

業種分類	中小企業の定義
製造業その他	資本金の額又は出資の総額が3億円以下の会社又は常時使用する従業員の数が300人以下の会社及び個人
卸売業	資本金の額又は出資の総額が1億円以下の会社又は常時使用する従業員の数が100人以下の会社及び個人
小売業	資本金の額又は出資の総額が5千万円以下の会社又は常時使用する従業員の数が50人以下の会社及び個人
サービス業	資本金の額又は出資の総額が5千万円以下の会社又は常時使用する従業員の数が100人以下の会社及び個人

業は、その傘下に中小企業の子会社や関連会社を持っているところが多くありますので、企業グループで考えると、もっと多くの従業員が働いていることになります。

　このことから、大企業では商品やサービスのユーザー数が非常に多くな

2-2 大企業で一旦契約できれば、その後の追加案件が生まれやすい

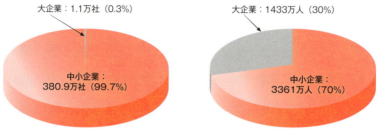

企業数の比較（トータル382万社）
大企業：1.1万社（0.3%）
中小企業：380.9万社（99.7%）

従業者数の比較（トータル4794万人）
大企業：1433万人（30%）
中小企業：3361万人（70%）

（2017年版中小企業白書に基づき作図）

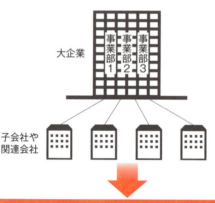

大企業／事業部1／事業部2／事業部3
子会社や関連会社

- 大企業の社員数は多く、さらにグループ企業があるところもある
- 一旦、大企業の一部門に製品やサービスを買ってもらえれば、その後、他部門への 横展開やクロスセル、アップセルなどのチャンスが期待できる

ることが期待できます。したがって、一旦、大企業の一事業部などに製品やサービスを買ってもらえれば、その後、他部門への横展開やクロスセル(注1)、アップセル(注2)、さらにはグループ企業への展開など、追加販売に関しても大きなチャンスがあります。

(注1) クロスセル：ある商品の購入を検討している顧客や、以前商品を購入した顧客に、別の商品も合わせて購入してもらうこと。
(注2) アップセル：ある商品の購入を検討している顧客や、以前商品を購入した顧客に、より高額な上位モデルを購入してもらうこと。

このように大企業で案件を獲得できると得られるメリットは大きい訳ですが、中小企業の大企業に対する営業の苦労はどうでしょうか？筆者がこれまで支援した中小企業の社長や営業部長からよく伺ったのは、大型案件の提案機会は待っていても来ないという悩みです。「大企業で買ってもらって実績を作りたい。けれども、大企業からの問合せはまず来ない」、「大企業や有名企業に提案をさせてもらうチャンスをどうゲットするかが最大の悩み。提案機会さえもらえれば、後はなんとかできるのだがなあ」といった声を頻繁に聞きました。

大企業から問い合わせが来ない理由として挙がった声の例です。
- 「当社は中小企業だから、ブランドや有名企業での事例が無いため、大企業に信用されない」
- 「大企業の役職者にコネがない」
- 「大企業は保守的でこれまで使ってきた製品を、新しいベンダーのものに変更するリスクを取らない」
- 「当社は外資系販売企業で、一般的な中小企業の苦労だけでなく、障害発生時などのサポート力が弱いと思われてしまうという悩みもある」

大型案件を発掘するためには、待っているだけではその機会を得られません。上記のような障壁を乗り越えながら、こちらからアプローチを仕掛ける攻めの営業を行う必要があります（**図表２－３**を参照）。

2-3 大型案件発掘のポイント1：こちらから提案を仕掛ける必要がある

- 投資資金のある大企業に新規大型案件の機会が多い
- 売れた後も、他部門やグループ企業への横展開やアップセル、クロスセルなど、追加の案件機会が期待できる

 けれども…

中小企業の社長の声…
- 「中小企業は頑張っていても、経営体力が弱く、実績やブランドもないため、大企業に信用されないことが多い」
- 「大企業に対する人脈がない」
- 「大企業は保守的で、これまで使ってきた製品を、新しいベンダーのものに 敢えて変えようとしない」
- 「当社は外資系販社だが、トラブル時などのサポート力が弱いのではないかと勝手に思われてしまう」

 行うべきは…

 大型案件は待っていても、顧客からの問合せはまず来ない
こちらから積極的にコンタクトし、提案機会をものにする必要がある

ポイント2：課題の発見・整理で顧客を支援する

　大型案件発掘に関する2番目のポイントは、顧客の課題の発掘や課題の整理を支援することを顧客に申し出る営業手法が、大型案件発掘には有効であるということです（**図表2−4**を参照）。

　顧客の知識や経験だけでは対応できないような複雑な問題が増えています。よく言われるように、取り組むべき課題が明確になったら、もうそれだけで半分は解決したようなものです。そのため、顧客は相談できる相手や、変革に資する情報を提供してくれる相手を探しています。

2-4 大型案件発掘のポイント２：
課題発見・整理で顧客を支援する

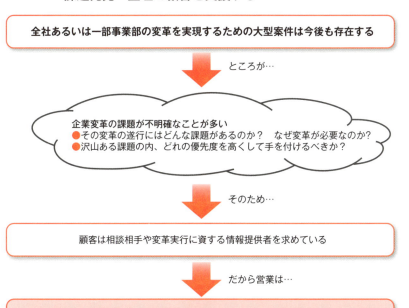

▶ 顧客は自分の課題をわかっていない！？

　先ほど、顧客は課題発見や整理について相談相手を求めていると言いましたが、「顧客の課題は、顧客が知っているのではないか？」と思われるかもしれません。

　実際、私は以前そう思っていました。営業の役目は顧客の課題に対する解決策（ソリューション）を提供することだから、課題は顧客に教えてもらえば良いと。ところが大手金融機関の部長から、「ウチの会社の課題は、課題がよくわからないことだよ」とごく真面目に言われたり、製造業の部長から、「まったく違う業務部門から、初めてこの部門に異動してきたのだが、うちの部門の課題がよくわからない。外部からみてどうですか？」と意見を求められたりするようなことが多くありました。このような経験から、ソリューションの提案以前に、課題そのものがはっきりしな

い顧客への営業方法が必要だと真剣に思うようになりました。

これまで筆者が見聞きした、顧客が課題を明確にできない理由を図表2－5にまとめました。数が多いので、最初の3つについてだけ説明します。

【問題分析が不十分で真因に迫れていない】

最初に顧客から聞いた課題が、後になってみると、真の課題ではなく、提案内容を変更せざるをえなかったという経験をしたことはないでしょうか？私が経験した一例です。ある輸送業界の顧客は、当初、「現場から保守点検情報を収集・分析して、事故を減らすための知見を得られるようにしたい」という課題を持っていました。そこで詳しく調べ始めると驚くべ

 お客さまは自分の課題をわかっていない！？

「ウチの会社の課題は、課題がわからないことだよ」

顧客にとって課題発見や整理が難しい例
問題分析が不十分で真因に迫れていない
危機意識に乏しく、真の課題への対処を先送りしている
業界の先進事例の調査や競合他社との比較を詳しく行っておらず、自社がどれだけ遅れているか知らない
省力化に関する課題は、自分たちの仕事が無くなる恐れがあるので目を背ける
ビジネスモデルや技術が複雑化し、一部門の担当者では課題を把握しきれない
個別最適は得意だが、全社レベルの標準化推進など、複数部門をまたぐ全体最適の課題には皆の腰が引けてしまう
新分野で前例が無く、何が課題かよくわからない
評論家タイプの社員が多く、問題を沢山挙あげてみせることはできるが、どれが重要かは決められない
本当は課題と思っているが、社内政治力学のため、誰も声をあげない
社員の評価が減点主義で、何かを良くしようという声をあげにくい企業文化となっている

◆従来のソリューション営業法では対処できない
◆課題発見に関して顧客を支援し、顧客と一緒に考える

きことが判明しました。現場では、故障や人為的ミスの事象をそのまま報告すると管理部門からの締めつけが厳しくなるため、そもそも正確な情報が入力されていないというのです。そのため、最初に聞いた課題の優先度は低いことが判明しました。

【危機意識に乏しく、真の課題への対処を先送りしている】
「〇〇変革」とか「△△骨太プラン」といった勇ましい名称で新しいことに取り組む姿勢を見せてはいるが、プランをよく読んでみると、実態は、昔からの取り組みの名前を変えただけ、というのも時折見かけます。ビジネス環境の変革への対応や真の課題への取り組みをずっと先送りして、気がつくともう対処するに手遅れになってしまい、倒産したり、他社に吸収合併されたりした企業はこれまで多くありました。実際、誰もが知る大企業がこんな危機に陥るのかと驚くようなニュースもよく報道されています。

このような企業に対して、営業パーソンが何かできることがあるのだろうかと疑問に思われるかもしれません。私の経験では、会社の経営改革に抵抗する人が大勢いても、自分の会社のことを本当に憂いており、変革を断行しないといけないと思っている人は必ずいます。このような人で、社内である程度の力を持っている人を見つけ、提案活動を通して変革プロジェクトの支援をしたことがありました。営業パーソンは、顧客の社内政治には関わりが無い社外の人間です。だからこそ客観的な視点でいろいろと支援できることがあるはずです。

【業界の先進事例の調査や競合他社との比較を詳しく行っておらず、自社がどれだけ遅れているか知らない】
例えば、若手社員は先輩のやり方を踏襲し業務を淡々と行っているだけということがよくあります。自分達の業務のベストプラクティス（その仕事を行うのに、最も効率の良い手法やプロセスなど）や、活用できそうな先進事例や技術を知らない（知ろうとしない）。5年先、10年先に自分達の仕事がどうなっているべきかと聞かれても、特にイメージがない。仕事の能力は人並みと思っているが、正直定かでない。そのため、課題意識が低い企業も多いように思います。

営業パーソンは様々な顧客を知る機会に恵まれているので、顧客の同業他社では業務をどのように行っているのか、業界の先進的な取り組みの事例にはどんなものがあるか、などを顧客に伝えることで、営業の付加価値を高めることができます。

　このように、「顧客の課題は顧客がわかっているのだから、それを聞いて、我々、営業パーソンはそれに対する解決策（ソリューション）を提案すれば良いのだ」という想定自体が正しくないことが多いのです。先にも述べましたが、「顧客は相談できる相手や、変革に資する情報を提供してくれる相手を探している」のです。そのため、顧客の課題の発見・整理で顧客を支援するという営業アプローチは有効なのです。

▶ 本書で説明する課題発見営業手法、POLO法とCMBOI法

　ここまで、顧客は必ずしも自社や自部門の課題を明確にわかっているわけではなく、課題の明確化を支援してくれる人を求めていることを述べました。

　では、営業パーソンは、どうすれば顧客を支援できるのでしょうか？本書の目的はその手法を説明することですが、筆者がどのような経緯で自分なりに手法を編み出したのかをかいつまんでお話します。

　私は25年にわたり、日本アイ・ビー・エムで営業関連の仕事をしましたが、顧客が自分自身の課題をよくわかっていない場合には、従来からのソリューション営業法では歯が立たないとフラストレーションを感じていました。また、課題の発見や整理という顧客の企画段階から入りこむことで、案件の規模を大きくするチャンスが増え、競合他社との差別化もできるのではないかという思惑もありました。

　当時、プリセールスの仕事をしつつ、営業手法の開発リーダーもしていたので、数名のメンバーと顧客の課題発見のための営業手法開発をスタートしました。開発当初は批判する人も社内に多くいました。コンサルティングサービスのマネージャーから「お客様と短時間会話するだけで、お客様の課題がわかるはずがない」と言われたり、ベテランの営業部長からは「こんな手間をかけるより、断られてもいいから、どんどん行けばよいのだ。営業は足だ」と言われたりしました。しかし、私たちは手法の開発が絶対に必要であるという信念を持っていたので、粘り強く社内を説得しな

がら手法の改良を続けました。次第に批判する人たちも手法の有効性を認めざるを得ない実績を挙げられるようになり、開発開始から6年経った頃には、社内で広く使われるようになりました。私は手法を開発するだけでなく、それを自分でも実際の営業活動に使い、約300社の顧客で適用してみました。その中で、超大型案件の獲得の実績を挙げることができ、日本アイ・ビー・エム社長賞をもらいました。この手法は標準的な営業手法の一つとして会社に認められるようになり、社内の営業系社員への研修も多く行いました。

　日本アイ・ビー・エムを退社すると同時に起業し、中小企業診断士の資格も活かしながら、様々な顧問先や商工会議所の会員企業に対して支援するサービスを提供しています。中でも法人営業力の強化支援をよく行っています。支援先はほとんどが中小企業であり、業界も私の前職のIT業界でないところもあります。そのため、IT業界ではない会社の営業パーソンにも使ってもらえるよう、更に課題発見手法の改良を行いました。これまで、支援先の営業パーソンへの研修で教えたり、重要案件に関してはそれにフォーカスしたアドバイスを提供したりして、実際に使ってもらい、効果を発揮しています。

　こうして開発した、本書で紹介する筆者独自の大型案件機会発掘の手法は次の二つです。
- POLO法
  POLO（ポロ）は Pursuit Of Large Opportunity の略で、「大型案件機会の追求」の意です。第3章、4章、5章で説明します。
  この手法は一言でいうと「顧客の課題発見や整理を支援する活動を通して大型案件機会を発掘する手法」です。
- CMBOI法
  CMBOI（コンボイ）は Capability Maturity Based Opportunity Identification の略で、「成熟度診断ベースの案件機会発掘」の意です。第6章でこの手法を説明します。
  一言でいうとこの手法は「設定したテーマに関する成熟度診断用ツールの作成法とその診断実施による案件機会の発掘手法」です。

POLO法とCMBOI法のメリットは、顧客への課題明確化の支援を通して、営業活動の上流（営業ステップ1と2）での、顧客の営業に対するネガティブな反応を乗り越え、提案機会を得やすくなるということです（図表2－6を参照）。

　営業ステップ1では、顧客は「この面談は無駄な時間になってしまうのではないか」、「この相手は信用できるのか」といった「不安」を持ちます。しかしPOLO法とCMBOI法は、顧客の「課題の発見や整理の支援が得られるかもしれない」という期待に応えることできます。顧客は、日常の仕事に追われ、意外と自社や自部門の課題をきちんと考える時間を持

2-6　課題発見営業のツール、POLO法とCMBOI法

課題発見・整理力

- **POLO（ポロ）法**
  顧客の課題発見や整理を支援する中で大型案件機会を発掘する手法

- **CMBOI（コンボイ）法**
  設定したテーマに関する成熟度診断用ツールの作成法と診断実施手法

コミュニケーション力

↓

営業の初期ステップの壁を乗り越え、大型案件に関する提案機会を得易い
- 顧客に対して課題明確化の支援ができる
- 売込みと感じられにくい
- 顧客と企画段階から会話することで、大型案件機会を得やすくなる

不安	不要
営業が信じられない	課題として取り組まないといけないのか
営業ステップ1（発掘中） 顧客のビジネス環境とニーズの理解	**営業ステップ2（要提案、提案中）** ソリューションコンセプトの作成

営業ステップ3以降

てずにいることが多く、社外の人（営業パーソン）と話すことで課題の発見や整理ができれば、それは助かると捉える人が多いと思います。顧客は無料で知見が得られ、その結果、提案されるソリューションを買うか買わないかは別と考えるので、まずは営業パーソンの話を聞いてみようという気になります。

　営業ステップ2では、「課題として取り組まなければならないのか、別に要らないのではないか」と顧客が思ってしまう「不要」の壁を乗り越える必要があります。これに対して、POLO法とCMBOI法を使うと課題の優先度を明確にできるので、この壁もクリアしやすくなります。このようにして、営業ステップ1と2の壁を乗り越え、大型案件に関する提案機会を得やすくなります。

　以上のようにPOLO法とCMBOI法は顧客の課題発見の支援に使えますが、コミュニケーション力も必須であることも強調したいと思います。顧客からの問い合わせを起点とする営業と違い、こちらから提案を仕掛ける場合、顧客は営業パーソンと能動的に話したい状態ではありません。社外の初対面の人（営業パーソン）と忙しい間を縫って会うのはおっくうな顧客は多いでしょう。そのため、POLO法やCMBOI法を身に付け、ある程度自信を持っていても、いざお会いすると話は盛り上がらず、課題の発見や整理の支援もできず、「あれ、こんなはずじゃなかった」となってしまう恐れがあります。

　こうなってしまう原因は、ラポール（信頼関係）を形成する力や、傾聴力、質問力など、コミュニケーション力の不十分さにあることが多くあります。そのため、第4章で、顧客との面談におけるコミュニケーション法のポイントも説明します。

▶ これからは課題発見営業法が重要に

ここで、これまで主流の営業法の移り変わりと、課題の発見・整理で顧客を支援する営業法の位置づけをみてみましょう（図表２−７参照）。

●「商品中心」の営業法の時代

戦後、日本が驚異的な高度経済成長を成し遂げ、国内総生産（GDP）が世界ランキングで２位となったのは約50年前です。その後もバブル崩壊まで長い間、安定成長を享受しました。

私はこの安定成長期に就職しましたが、社会全体の雰囲気は概ね明るいものでした。多くの企業が、作れば売れるという、今では夢のようなことを経験しました。まだインターネットも広く普及しておらず、売り手と買い手の商品に関する情報格差は大きかったので、営業

2-7 これからは課題発見営業法が重要に

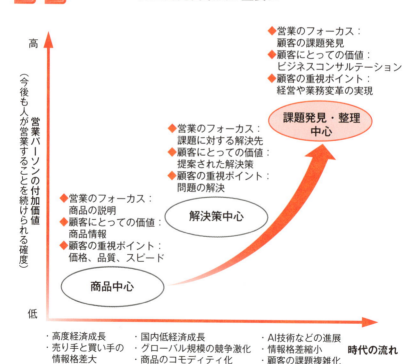

パーソンは商品を説明するだけでも営業の価値を提供できました。

● 「解決策（ソリューション）」中心の営業法の時代

　技術の進展とグローバル規模の競争激化に伴い、以前は高付加価値を謳っていた商品も一般的な商品になってしまう現象（コモディティ化）が広くみられるようになりました。そのため、他社との差別化を図るとともに、営業パーソンの付加価値を高めるため、「商品を売るのではなく、顧客の課題に対して解決策（ソリューション）を提供する」営業法が脚光を浴びるようになりました。今でも、ソリューション営業法が営業研修や営業本で教えられるコンテンツの主流のように思います。

　最近は、どこの売り手も、ソリューションの切り口から商品を語るようになりました。各社、「貴社の売上アップの課題にはこれです」、「コスト削減の課題にはあれです」と提案するようになり、似たり寄ったりのソリューションが巷にあふれるようになりました。その結果、各社の差異がほとんどなくなってしまい、皮肉なことに、ソリューションもコモディティ化してしまっています。また、インターネットが急速に普及し、顧客はどんなソリューションを各社が提供しているかを、簡単にお金をかけずに知ることができるようになりました。すなわち、顧客は自社の課題さえわかれば、ソリューションも自分で見つけられるようになったのです。そのため、ソリューション営業で営業パーソンの付加価値を高めるというのも難しくなりました。

● 「課題発見・整理」中心の営業法の時代

　第1章で詳しく述べたように、インターネットなどの進展で情報の共有化が進み、売り手と買い手の間の情報格差が劇的に縮まりました。さらに、以前は人間でないとできないと思われていた知的な業務もAIなどで、機械化できるようになってきました。

　人が営業を行う価値を出すには、これからは、顧客の課題の発掘や課題の整理を支援することが有効です。先に述べたように、顧客が自社や自部門の課題を明確にできない理由は沢山あります。顧客は経営や業務変革の実現のため、課題の明確化を支援してくれる人を求めているのです。

　ハーバード・ビジネス・レビュー（2014年7月号）に、「ソリュー

ション営業からインサイト営業へ」という記事が載り、日本でも話題になりました。インサイトとは洞察、見識のことです。この記事には、現代の営業法には問題があり、これからは、顧客すら気づいていない顧客の課題を見つけ、それを顧客と合意することにフォーカスしたインサイト営業が重要であるということが述べられていました。また、最近、啓発型営業という言葉も聞きますが、これも顧客に課題に関する気づきを与える営業の仕方のことです。これらは課題発見営業法が重要になるという本書の主張と同じです。時代のトレンドを考えると、今後、顧客の課題の発見や整理中心の営業法がますます重要になるのは間違いないと思います。

▶ 大型発見発掘に必要な知識やスキル

大型案件を発掘するためには、どんな知識やスキルが必要になるのでしょうか？筆者は大きく次の３つ、「商品知識」および「顧客の業務や業界・業種に関する知識」、「プロフェッショナルスキル」が大切だと思います（**図表２−８を参照**）。

● 商品知識

顧客の課題に対するソリューションを提案するためには、当然のことながら、自社の製品やサービスをきちんと理解しておくことが必要です。

また理解しているだけでなく、エレベータートークのように、数十秒から数分のごく限られた短時間でも、顧客にとっての商品のメリットや特徴を簡潔に説明できるように普段から練習しておく必要があります。十分な時間があれば説明できる人も、時間を限られるとなかなかできないことが多いためです。

さらに、大型案件獲得を目指す場合、自社の商品だけでは十分なソリューションにならないこともよくあります。販売パートナーの商材と組み合わせることにより、顧客のニーズにぴったり合ったソリューションを提案できることもあります。そのため日ごろから、販売パートナーの商品にも目を配っておく必要があります。

2-8 大型発見発掘に必要な知識やスキル

的確な解決策を提案するため

商品知識
- 商品（製品・サービス）に関する知識
- 自社の商品全体だけでなく、販売パートナーの商品も

顧客の課題を理解するため

顧客の業務や業界・業種に関する知識
- 業務知識（販売管理業務、生産計画業務、原価管理業務、経理業務、人事・給与業務等）
- 業界・業種知識（メーカー、商社、小売、金融、サービス、ソフトウエア・通信、マスコミ、官公庁等）

課題の発見・整理からその解決策の提案まで、ロジカルな営業活動を行い、効果的なコミュニケーションをするため

プロフェッショナルスキル
理解力、論理的に考える力、企画力、表現力（プレゼンテーション、文書化）、交渉力（提案能力、説得力）、リーダーシップ

本書のフォーカス

● 顧客の業務や業界・業種に関する知識

　顧客の仕事や業界に関する知識がある程度ないと、顧客の話をよく理解できません。特に、課題発見・整理の支援をしようとする課題発見営業法ではこの知識は必須です。

　ただ、営業パーソンはいつ何時、新しい業界・業種の顧客を担当するかわかりません。そのため、普段から経済や業界関連の新聞や雑誌に目を通し、世の中の動向に関する情報のアンテナを立てておくのに加え、どんな情報ソースに最新の業界情報が載っているかのリストを持つと便利です。急遽、新しい顧客を担当する場合、そのリストに当たれば大体のことがわかるからです。第3章で、お勧めの情報ソースを紹介しているので参考にしてください。

● プロフェッショナルスキル

　特に、論理的に考える力や企画力（課題を明確にし、それを成功裏に解決するための方策を計画できる力）を強化し、大型案件機会を獲

得できるようになる必要があります。本書の中心は、このプロフェッショナルスキルの分野です。

以上のように、本書は課題発見営業手法の説明をすることが目的ですが、大型案件の獲得には、これだけではなく、商品知識や顧客の業務や業界・業種に関する知識も必要になることを、頭の隅に置いてお読みください。

▶ 課題発見・整理は営業の仕事じゃない？

顧客の課題の発見や整理の支援が大型案件発掘のポイントと本書では主張していますが、それは営業の仕事じゃないと反発する人もいます。

私が案件獲得の支援をしたり、研修で見聞きした限りでは、今、企業でもっとも多く使われている営業法は、「ソリューション営業もどき」だと思います。これは売り手が自社の商品を基に想定した課題にハマる顧客を探すという営業法です。例えば、「当社の商品を使えば、業務効率が上がるはずだから、業務効率向上やコスト削減に興味を持っていそうな顧客を探そう」というアプローチです。課題に対して解決策を提案する体裁をとっているので、これはソリューション営業法だというわけです。けれども、実際のところ、自社商品ファーストであり、真に顧客の立場に立っているとは言い難いので「もどき」と私は呼んでいます。

「ソリューション営業もどき」でも、顧客の課題が多少不明確な場合は、もちろん、それを明らかにする質問はします。しかし、課題がわからない、課題が無い、あるいは整理できていないと言う顧客に関しては、あきらめて他の顧客にアプローチする方に切り替えるのがほとんどです。なぜなら課題に関する気づきを与えるとか、整理をしようとするのは営業効率が悪い、あるいは、そのような仕事は経営や業務コンサルタントの仕事であり、営業の仕事ではないと考えるからです。このようにコンサルティング的な営業法に抵抗を感じる営業パーソンは少なくありません。その理由として次のようなことをよく聞きます（**図表２-９**を参照）。

- 営業は頭を使うより、体力勝負の仕事であり、打率は低くとも多くの顧客訪問をしたい
- ロジカルな営業法より、顧客と親密なリレーションを築いて売る営業

2-9 課題発見・整理は営業の仕事じゃない？

課題発見営業法に抵抗を感じる営業パーソンは少なくない

顧客の課題発見・整理の支援って営業の仕事？
- ◆ 営業は頭を使うより、体力勝負の仕事であり、打率は低くとも多くの顧客訪問をしたい
- ◆ ロジカルな営業法より顧客と親密なリレーションを築いて売る営業法の方が得意である
- ◆ 顧客の方から売って欲しいと言われた良き時代の成功体験を忘れられず、手間のかかる営業法に馴染めない

課題発見営業法に取り組む必要性

- ◆ 大型案件獲得を狙うには、顧客の課題発見・整理の支援をしかける営業法が必要
- ◆ 課題発見営業法は、人が営業することの価値を出しやすく、将来も明るい
- ◆ 顧客の経営改革を支援するには、営業パーソンも自己変革することが必要

生き残る種とは、最も強いのではない。
最も知的なものでもない。
それは、変化に最もよく適応したものである。

～ チャールズ・ダーウィン ～

法の方が得意である
- 顧客の方から売って欲しいと言われた良き時代の成功体験を忘れられず、手間のかかる営業法に馴染めない

けれども、これまで述べてきましたように、課題発見・整理は営業の仕事じゃないと言ってはいられない状況になってきています。比較的シンプルで定型的な営業法やコモディティ化したソリューションの営業は、他社との差別化が難しく、将来、遅かれ早かれ、機械に置き換えられる事態に直面する恐れもあります。

進化論で有名なダーウィンが「変化に最もよく適応したものが生き残る」と言ったように、時代の変化に合わせ、自己変革する必要があると思

います。顧客の経営変革の支援が今後、ますます重要になりますが、そのためには営業パーソン自身も今まで慣れ親しんだやり方に固執することを止め、自己変革をする必要があるということだと思います。

▶ 有償の経営コンサルテーションと課題発見営業の違い

　課題発見営業の研修をすると、時々、「営業パーソンも経営コンサルタントみたいにならないといけないのですか。私には難しいと思います」というコメントを受講者から時々もらいます。結論から言うと、その必要はありません。

　図表2－10のように、プロの経営コンサルタントと営業パーソンではそもそも目標が違います。プロのコンサルタントの売りものは、自分自身のコンサルテーションサービスです。それに対して営業が売りたいものはあくまで自社の商品です。課題発見営業をする場合、顧客企業についての情報収集・分析やそれに基づく課題の想定に関して、完璧を目指す必要はありません。想定した課題は「当たらずといえども遠からず」で十分で

2－10　有償の経営コンサルテーションと課題発見営業の違い

	有償の経営コンサルテーション	課題発見営業
売るモノ	コンサルタント自身（コンサルテーションサービス）	顧客の課題を解決するソリューション
フォーカス	期間が長ければ長い程良い（コンサル料が高くなる）	短い期間で効率的に提案に進める（無償の営業活動のため）
コンサルに関するスキル	ロジカルシンキング、各種フレームワーク、アイデア創出法、データ収集・解析など	顧客に関する情報収集力と仮説ベースで課題を想定するスキル
現状分析	実データ主義	顧客へのヒアリングや2次的資料による分析
期間	数か月～数年	数週間から数か月

プロのコンサルタントと営業パーソンとでは、仕事の目的が異なる。営業パーソンがプロのコンサルタントを目指す必要はない。

す。顧客に、顧客企業のことを親身に考えてきたことをアピールして、顧客と課題についての効果的な議論ができれば十分なのです。プロの経営コンサルタントの場合、このような情報収集・分析結果はクライアントからお金をいただく対象（コンサルテーションの成果物の一つ）なので、当然、完璧を目指します。

　またプロのコンサルタントの売りものは自分自身のサービスですから、語弊はありますが、顧客へのサービス期間をなるべく長くして、コンサルティング料を高く得ようと考えます。したがって、有償の経営コンサルテーションの場合、短くて、数か月、長いものであれば、数年かかるプロジェクトになりがちです。これに対して、営業パーソンはできるだけ効率よく提案、そして契約に進みたいと考えます。課題発見営業の場合、課題の発見・整理を１回から２、３回の顧客訪問で行うことが多く、この作業にかかる時間は通常、数週間から数か月です。これはあくまで経過時間であり、実際の作業時間ははるかに短いものです。

　スキル面ではどうでしょうか？営業パーソンはプロの経営コンサルタントのような高度な知識やスキルを持つ必要はありません。データの収集・分析について言えば、プロの経営コンサルタントは客観性を保つために、実データを収集することを重視します。実際、現場の調査とその結果解析はプロの経営コンサルタントの腕の見せ所です。一方、営業パーソンの場合、顧客への課題発見・整理の支援は無償の活動ですので、時間と労力をそれほどかけるわけにいきません。顧客へのヒアリングや２次的資料をベースに行い、基本的に実データの調査までは行いません。

　このように営業パーソンが経営コンサルタントになることを目指す必要はありません。それから、ちょっと余談になりますが、プロの経営コンサルタントは必ずしも優秀な営業パーソンではありません。自分自身のサービスを顧客に売り込むことに終始して、問題を解決するための商品を勧めることを軽視するコンサルタントも多くいます。実際、「私は商品の売り込みなんて下世話なことはしません」と言うコンサルタントもいました。このためか、分厚い報告書をコンサルタントに提出してもらったが、具体的な解決策がわからなかったと言う何人もの経営者やマネージャーに会ったことがあります。ただし、コンサルタントはベンダー中立であることをウリにしている人もいて、そうならざるを得ない理由があることもあります。

ポイント3：上流ステップの営業力を強化する

▶ 2段階で大型案件発掘の営業力を強化

　課題発見営業手法は顧客との初回面談で課題の発掘・整理をすることで、課題に対する解決策の提案機会を得るための手法です。すなわち、上流段階での営業活動を強化するための方法です。

　これを実現するためには2つの段階があります（**図表2－11**参照）。

> ① 営業プロセスの標準化をする
> ② 課題発見手法を使って上流ステップからの営業を意識する

【① 営業プロセスの標準化をする】

　もし、営業のプロセスが標準化されておらず、各営業パーソンが自分の好き勝手なやり方で営業をしていたらどうでしょう？何が上流ステップ、中流ステップ、下流ステップなのかよくわかりません。営業チームの間でも、互いにどんな活動をしているのか理解しにくく、営業のノウハウも共有しにくくなります。営業マネージャーも部下の案件がどこまで進んでいるのか把握したり、状況に応じたアドバイスをしたりするのがしにくくなります。このような問題を回避するために、営業のプロセスの標準化をすることが先決です。本書では営業活動の標準的なプロセスとして、5ステップに分けています。この営業プロセスの標準化および各ステップで行う活動を改善する方法については、前著『新法人営業マニュアル』（同友館）読んでいただければ幸いです。なお、同書では営業戦略の策定方法および営業管理の仕方についても説明しています。

【② 課題発見手法を使って上流ステップからの営業を意識する】

　大型案件の獲得のためには、営業プロセスをただ標準化するだけでは不十分であり、明確にステップ1にフォーカスして課題発見営業手法を使うことを営業担当者も管理者も意識する必要があります。

　営業プロセスの標準化は取り入れたし、営業管理帳票（日報、営業プロセス管理シート、顧客管理シート、売上見込み管理シートなど）やSFA

2-11 大型案件発掘のポイント3：
上流ステップの営業力を強化する

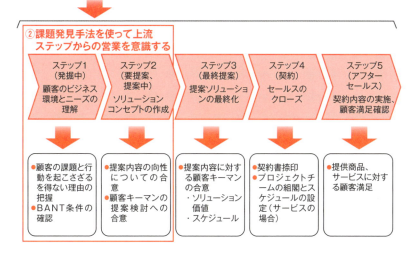

（Sales Force Automation）ツールを導入して営業活動の見える化も行った、でも成果が上がらないと悩む企業は多くあります。いわば野球チームがチームプレーの徹底や選手管理法の強化に取り組んでも、やはり選手が打って点を稼げるプレーをできないと試合に勝てないことと似ています。営業ステップ1で攻めの営業をしかけることを重視し、大型案件獲得というホームランやヒットを打とうとすることにも時間を割り当てる必要があります。

● 問い合わせを起点とする営業法と課題発見営業法の主な違い

　一般的に行われているのが、問い合わせを起点とする営業法だと思います。これは、顧客が商品に関するホームページを見たり、イベントに参加したりした結果、商品についての質問や解決策についての助言を求めてくるのをきっかけにして、契約を獲得しようとする営業の仕方です。

　営業ステップでいうと、ステップ2の（提案することへの承諾獲得、ソリューション・コンセプトへの合意獲得）か、ステップ3（最終提案）に当たります（図表2－11参照）。

この問い合わせを起点とする営業法の問題点は、次の2点です。
1. 顧客からの問い合わせが思うように来ず、商品の売り上げが下がってきても、営業としてはそれに対する有効な手立てがない
   （注：マーケティングとしては、ホームページの改善や期間限定キャンペーン、メディアへの露出、イベント・セミナーへの参加などの施策が打てます）
2. 大型案件の機会は、顧客からのコンタクトを待っていても通常来ない

では問い合わせを起点とする営業と課題発見営業との違いは何でしょうか？（図表2-12参照）。

【顧客の状況】
- 問い合わせを起点とする営業の場合、顧客はある程度、自分の課題や解決策がわかっており、ベンダーに提案をして欲しい内容のイメージも具体的であることが多くあります。また、あらかじめ幾つかのベンダーから情報を集め、機能や価格などの比較検討した後、特定のベンダーにコンタクトしてくることも多くあります。
- 課題発見営業の場合、顧客はまだ自社や自分の課題に気がついていなかったり、整理できていなかったりしている状況です。このような状況なので、まだプロジェクト責任者や予算、スケジュールも決まっていません。したがって課題を明確にし、その課題解決の提案にいたる過程で、顧客のキーパーソンは誰かを見極める力が必要になります。

【営業パーソンの顧客の課題やニーズの把握】
- 問い合わせを起点とする営業の場合、顧客の問いや要望に応えることにフォーカスします。しかし、そもそも顧客はどういう課題やニーズがあって買おうとしているのかを探ることは疎かになりがちです。
- 課題発見営業の場合は、顧客へ課題に関する気づきを提供することにフォーカスします。まだこちらの商品に興味が無い顧客と課題についての会話をするために、傾聴力やわかりやすく伝える力などのコミュニケーション力が大事になります。

2-12 問い合わせを起点とする営業法と課題発見営業法の主な違い

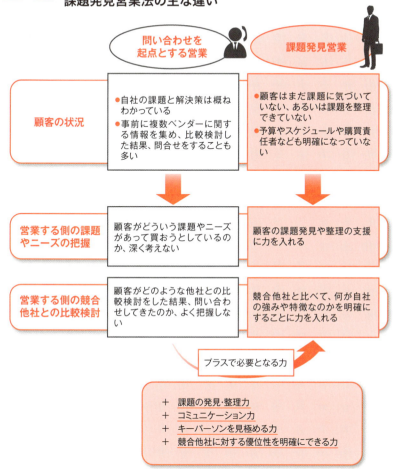

【営業パーソンの競合他社との比較分析】
- 問い合わせを起点とする営業の場合、顧客がどのような他社との比較検討をした結果、問い合わせしてきたのかはあまり知ろうとしません（もちろん、顧客から他社商品との違いに関する質問がくれば答えようとしますが）。
- 課題発見営業の場合、顧客はまだ課題を明確化していない、あるいはその解決法もよく考えていない状況で、こちらから提案をしかけます。そのため、顧客は課題に合意したとしても、その課題の解決に関

して、なぜこのベンダーの商品を採用すべきかと疑問を持ちます。したがって、営業パーソンは競合他社の商品に対する自社商品の優位性や特徴を明確に答えられるようにします。

以上の対比から、これまでもっぱら問い合わせを起点とする営業法をとっている営業パーソンが、課題発見営業にも取り組もうとする場合、さらに次のスキルの強化が必要になることがわかります。

- 課題の発見・整理力
- コミュニケーション力
- キーパーソンを見極める力
- 競合他社に対する優位性を明確にできる力

問い合わせを起点とする営業は、顧客が初めから商品に対して興味をもっているので、こちらからアプローチする営業法よりも効率がよく、それを否定する必要はありませんし、継続すべきだと思います。けれども、大型案件獲得を狙うためには、POLO法やCMBOI法をベースとした営業活動も行い、上述のスキル強化に努める必要があります。

ポイント4：ロジカルな営業活動が大切

大型案件は、顧客にとっては会社の将来を左右する命運を決める大切なプロジェクトです。プロジェクトのテーマは、生産効率アップのための新しい機械の導入、グローバル化のための業務基盤拡張、デジタルマーケティングの強化、働き方改革など様々です。けれども共通しているのは、プロジェクトの目的実現のために何を、どこから購買し、どう社内に導入し、定着化させるのかを顧客は真剣に検討することです。というのも、もしプロジェクトがうまくいかないと、それに関わる社員の社内評価が下がったり、将来のキャリアが危うくなったりしてしまうかもしれないからです。

このため顧客はベンダーからの提案を評価するために必要な専門知識も豊富で、提案される商品に関連する事項をよく知っています。直接の担当

者は「経済合理性」や「信頼性」、「安心」といった観点から、上層部に対して購買することを説得する必要があります。また、購買管理部門や技術戦略部門、コンプライアンス推進部門、知財部門などによるレビューにも対応しなければなりません（**図表2−13**参照）。以上からわかるように、顧客の購買プロセスはロジカルで真剣なものです。

また、コンプライアンス遵守に関する社会の目が厳しくなったことも、

2-13 大型案件発掘のポイント4：ロジカルな営業活動が大事

【顧客】
◆**顧客の購買プロセスはロジカルで真剣**
- 購買担当者は専門知識があり、商品に関連する事柄を良く知っている
- 法人の購買において大事なのは、「経済合理性」、「信頼性」、「安心」
- 購買担当者は相手の役割に合わせて、説得性のある説明をする責任がある
  （関係者の懸念例）

承認者	経営に資する妥当な投資か？ 今、投資しないといけないのか？
意思決定者	ビジネスの向上や業務の変革が実現するのか？ 予算内でできるのか？
現場ユーザー	期待通りの性能や効果を発揮できるのか？ 今の仕事のやり方はどのように変わるのか？
管理部門	法令や自社の規定に対するコンプライアンスはどうか？ 相見積もりをとって、適正に業者を選定したか？
社外ステークホルダー	投資の必要性は合理的か？ リターンの安全性はあるのか？

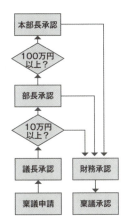

- 特に、大型案件は顧客企業の業績だけでなく、購買に関わる社員の評価や将来のキャリアにも影響を与えるので失敗は許されない

◆**コンプライアンス遵守の意識の高まりで不公正な購買は減ってきている**

【営業】
◆顧客の購買プロセスはロジカルだから、営業も誠実かつロジカルに行う
◆口下手でも、ロジカルにステップを踏んでいけば、契約がとれる確度を高められる
◆根性論や感覚的な話ではないので、効果的な営業のやり方を学びやすい

顧客のロジカルで客観的な購買が進んだ要因です。今でも、コンプライアンス違反のニュースを目にしますが、昔に比べると、一部の役職者がベンダーと結託して私的にキックバックを得たり、えこひいき的な感情を満たすために理不尽なベンダー選定をしたりすることは減ってきています。これは、内部監査・支店監査などによる「現場不正」のチェック体制の強化やコンプライアンス教育の推進などの結果だと思います。

　顧客はこのようにロジカルで真剣な購買活動を行い、なおかつ複数の社内関係者がいるのですから、営業する側は顧客の関係者や購買プロセスを見極め、何をどのように提案するかの作戦を立て、なぜ提案内容が顧客にとって良いのかを誠実かつロジカルに説得していく必要があります。いい加減な営業活動をしたのでは、顧客の購買担当者は営業パーソンに説得されませんし、営業の話を社内の関係者にきちんと伝えることもできません。

　大型案件獲得においてロジカルな営業活動が重要ということは、営業にとっては次のようなメリットもあります。

- 別に口達者でなくともロジカルにステップを踏んで、顧客に納得いただければ、契約がとれる確度を高められる
- 気合や根性、やる気といった、感覚的な話ではないので、誰でもやり方を学びやすい

第2章のまとめ

1 大型案件は、やはり大企業で発生しやすい
投資のための資金力があり、潜在的ユーザーの数も多い

2 大型案件発掘のためには、こちらから提案を仕掛けよう
大企業から中小企業に提案依頼の声はなかなかかからない

3 顧客の課題の発掘や課題の整理を支援しよう
顧客は必ずしも自社の課題をわかっているというわけではなく、相談できる相手や、変革に資する情報を提供してくれる相手を探している

4 これからは「課題発見・整理」中心の営業法の時代
「商品中心」から「ソリューション中心」、そしてさらにその先へ

5 課題発見・整理は営業の仕事じゃないとは言っていられない
顧客の経営変革の支援をするためには、営業パーソン自身も今まで慣れ親しんだやり方に固執することを止め、自己変革をする必要がある

6 営業プロセスの標準化をし、上流ステップでの営業力を強化する
これを意識しないと、これまでの営業方法から脱却できない

7 本書で説明する大型案件機会発掘の手法はPOLO法とCMBOI法
筆者独自の手法で、業界に関係なく使える

8 案件機会発掘手法だけでは、コミュニケーション力も大事
第4章で顧客との面談におけるコミュニケーション法のポイントも説明

大型案件発掘手法、
POLO法を
知りましょう

第3章

大型案件に当たるかどうかは運次第、自分がどうこうできることではないと思っていませんか？　POLO法は大型案件機会の発掘を能動的に行うことを目的として、顧客と課題の発見や整理をするための手法です。この手法を身につければ、こちらから顧客へ仕掛けて案件発掘ができるようになります。

質問手法が課題発見に十分ではない理由

　第2章で、大型案件発掘には課題発見力が重要であることを強調しました。これについて、「顧客に質問することで、課題を発見すればいいのでは？」と思われる方もおられると思います。

　例えば、営業研修で、大型案件の営業法としてSPIN話法のような質問手法がよく教えられているため、このような研修に出られた方からは特にそういうコメントをもらいます。質問手法は有用ではありますが、大型案件発掘の観点からは十分ではありません。SPIN法を知らない方向けにその概要を紹介します。すでにご存じの場合は、飛ばしてお読みください。

【SPIN法の概要】
　SPIN法とは、質問手法の一種で、イギリス人のニール・ラッカム氏が1987年出版の『Making Major Sales』という書籍で提唱した方法です。当時、世界的に大評判になり、現在でも営業研修や営業関連の書籍の中で頻繁に取り上げられています。著者も営業研修の講師としてこの手法を教えたことがあります。

　この手法では、顧客の課題やニーズを知る段階を調査段階と呼んでおり、その際の質問力を高める手法がSPIN法です。SPINという名前は次の4種類の質問の頭文字をとったものです。

- 状況質問（Situation）：顧客が置かれている状況に関する質問
- 問題質問（Problem）：問題に関する質問
- 示唆質問（Implication）：問題から起こりうる影響に関する質問
- 解決質問（Need payoff）：解決策に関する質問

これらの質問をうまく使いながら、顧客のニーズや課題を顕在化させることで、その後、効果的な解決策の提案ができるようになることを狙いとしています。

典型的な質問パターンは次のようなものです。

> 状況質問（S）で現状や事実を確認
> ➡気がついたこと関して問題質問（P）をして潜在ニーズを把握
> ➡その重要性に気付くような示唆質問（I）をして潜在ニーズの深堀
> ➡解決質問（N）をして、ニーズを顕在化

示唆質問（I）というのは、少しわかりにくいかもしれませんが、そのニーズを放置する事によってどんなトラブルが起こりうるか、ニーズが満たされたらどんな良いことがあるかといった質問をすることです。顧客に潜在ニーズの重要性について示唆を与えることを目的としています。

先に述べましたように、質問手法には良い点がありますが、限界もあります（図表3-1参照）。

【質問手法の良い点】
- 質問を重ねることで、課題を明確化できる
  ただし、顧客自身で課題をある程度整理できている場合です。第2章で説明したように、顧客自身、自社や自部門の課題がよくわかっているとは限りません。そんな中、営業パーソンが顧客との初対面の短い面談の中で、ちょっと質問するだけで、顧客が「これは気がつかなかったが確かに課題だ」と驚くとか、なぜなぜの質問を五回繰り返して真の原因を突き止められるなどと期待するのはナイーブすぎるでしょう。
- わかりやすく、誰でもできる
  質問手法は比較的シンプルですので、理解しやすく使いやすいというメリットがあります。実際、SPIN話法のように体系化はしていな

3-1 質問法による課題発見の限界

SPIN法
- 質問の種類を4つに分類：状況質問（Situation）、問題質問（Problem）、示唆質問（Implication）、解決質問（Need payoff）
- 4種の質問をうまく駆使して、顧客のニーズや課題を顕在化させることで、効果的な提案ができるようになることを狙いとしている

よくある使われ方
- 面談前：自社で提供できる解決策を最初に決める
- 面談中：解決質問で売りたい商品に結びつけることを念頭に、状況質問で引き出した顧客の現状に関する情報から、いかにうまく問題質問や示唆質問につなげられるかを営業パーソンは考える

良い点
- 質問を重ねることで、課題を明確化できる（顧客自身、課題をある程度整理できている場合）
- わかりやすく、誰でもできる
- ソリューション志向の営業法の感覚を体感しやすい

限界点
- 自社商品ファーストで、顧客視点で考えることがおろそかになりがち
- 顧客は、営業が質問技法を使って何を勧めようとしているのか見抜いてしまう
- 顧客の経営や事業戦略と関連づける筋道が明確でない

かったが、習う前から、日々の営業活動の中で、自然といくつかの種類の質問を組み合わせることは行ってきたという営業パーソンは多くいます。

- **ソリューション営業法の感覚がわかりやすい**

　ソリューション営業法とは顧客のニーズや課題を顕在化させることで、その後の効果的な解決策の提案につなげる方法です。SPIN法は、商品を前面に出して説明するのではなく、質問から入ることを重視する手法を強調することで、ソリューション営業法とは大体このような方法かと営業初心者がその概要を知るのに向いています。

【質問手法の限界】
- **自社商品ファーストになりがち**

　SPIN法が営業の現場で実際に使われる場合、次のような流れにな

りがちです。

　まず、顧客との面談前に、あらかじめ自社で提供できる解決策、すなわち提案したい商品を決めます。そうしないとせいぜい一時間くらいの限られた面談時間の中で営業の成果を出せない恐れがあるためです。

　次に、顧客と面談を持ち、売りたい商品に結びつけることを念頭に置きながら、顧客の現状に関する情報を状況質問で引き出し、そこから問題質問や示唆質問を行い、解決質問につなげます。このようにして売りたい商品の提案機会を得ようとします。

　以上のように、営業のスタンスが自社商品ファーストになる傾向があります。

● 質問手法を使って何を勧めようとしているのか顧客が見抜いてしまう

　SPIN話法が提唱され始めたのは、約30年前です。当時と異なり、インターネットに代表される情報革命により、今や顧客は自社の課題に対してどんな解決策があるのかの情報を、時間と手間をかけずに手に入れることができます。そのため営業パーソンが質問をしながらどんなソリューションに誘導しようとしているのか、見抜かれてしまいます。

● 顧客の経営や事業戦略につなげる筋道が明確でない

　上記の自社商品ファーストと関係しますが、顧客の視点に立って顧客の中長期の戦略やそれを実現するための課題につなげる方法がSPIN法では明確でないため、大型案件の発掘につながりにくいという限界があります。

　研修でSPIN法の演習をする場合、顧客に関する情報はケースとして予め用意されていることが多く、顧客の戦略やその実現のための課題に関する情報収集法とその分析法は一般に教えられません。

大型案件機会の発掘手法、POLO法とは

それでは、ここからPOLO法の内容の説明に入ります。

▶ POLO法の概要

【POLO法の目標】

顧客の課題発見・整理の支援を能動的に行うことを通して大型案件機会の発掘を行う

【POLO法の構成要素】

POLO法は大型案件の発掘のためのツールやノウハウを整理したもので、次の3つが含まれます（**図表3－2**参照）。

❶ ターゲット企業に関する情報収集・分析法

　顧客のホームページを見ても当たり障りのない情報しか得られず、課題を知るのは難しいのが通常です。それを乗り越えて顧客の課題を想定するための情報収集と分析の手法です。

❷ 課題を事前に想定し、それを顧客と確認する方法

　想定した課題を整理し、ロジックツリーの形に可視化する方法です。多くの場合、作成したロジックツリーを顧客に見せながら、課題の発見や整理を行います。

❸ 大型案件を狙ったソリューションコンセプトの作成方法

　通常いきなり詳細提案をせず、先ず顧客にコンセプトレベルでの解決策について合意をもらいます。その際、顧客にとって付加価値が大きく、営業する側にとっては大きな案件になるような方法です。

上記の①については本章で説明し、②は本章と第4章、③については第5章で説明します。

【営業ステップとの対応】

営業ステップの視点では以下のように、初回面談の準備から、初回面談の実施、そしてソリューションコンセプトの作成までの、上流の営業活動の中で使用します。

3-2 大型案件発掘に効く POLO 法

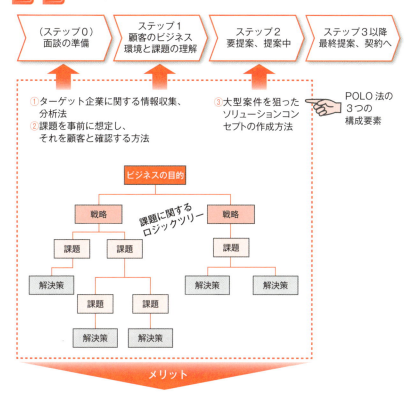

◆顧客企業に興味がわき、「役に立ちたい」という営業パーソンの想いが強くなる
◆顧客から「当社のことをよく勉強していますね」と信頼感を持ってもらえる
◆大型案件の機会を得やすくなる

- ●営業ステップ0（初回面談）の準備

　POLO法はこの初回面談前の準備として、顧客の課題を仮説ベースで想定することを重視します。

- ●営業ステップ1（初回面談）の実施、提案機会の獲得

　POLO法を使って想定した課題を基に、限られた面談時間の中で効率良く顧客の課題の発見や整理をします。営業ステップ1の期待されるアウトプットは、課題の解決策を提案することに対する顧客の承諾です。

- 営業ステップ２（コンセプトレベルの提案）
  ステップ１で顕在化した優先度の高い課題に関して、案件の大型化を意識しながらコンセプトレベルの提案を作成し、それに対する顧客の合意を得ます。

【POLO法のメリット】
POLO法の主なメリットとしては次のようなものがあります。

- 顧客に興味がわき、「役に立ちたい」という想いが強くなる
  顧客に関する情報を集め、顧客の置かれている環境や課題について考えていると、だんだんと感情移入して、顧客の役に立ちたいという気持ちが強くなります。そうすると顧客と話していてもそれが声や表情に現れ、ラポール（信頼関係）の形成もしやすくなります。また、良い提案を考えるのにも力が入ります。
- 顧客から信頼感を持ってもらえる
  商品の押し付けをされるのではないかと警戒心を持つ顧客も、会ってみると、営業パーソンが顧客視点で考えようとしていることが伝わるので、信頼してもらいやすくなります。
- 大型案件の機会を得やすくなる
  顧客視点で課題発見・整理を支援するということは、つまり企画段階から入りこむということです。顧客から提案依頼が来た段階で、案件の規模や範囲を広げるのは難しいですが、その前の企画段階であれば、大型案件の機会を得るチャンスが増えます。また、競合他社より一歩先を行くことで、優位な立場を得やすくなります。

このようなメリットがあるPOLO法ですが、使うのは難しいのではないですかとよく聞かれます。多少分析的なことは行いますが、インターネットで情報検索したり、SWOT分析をしたりしたことがある人なら誰でもできます。

例えば、私が支援をし始めていた企業の営業部長から、ある企業の社長とアポイントが取れたので、このチャンスを活かしたいという相談を受けました。

当時の支援先の顧客との初回面談のやり方は、自社紹介の後、自社の商品が解決できそうなニーズがないかを質問するという、よくありがちなものでした。そこで、この社長を訪問する前にPOLO法による案件発掘法を担当者に教え、社長コールの準備をしてもらいました。その担当者は営業経験がまだ少ない若手でした。

その後、社長コールの結果を聞くと、「POLO法のロジックツリーをお客様に見せることで、会話が盛り上がり、お客様の会社のことをよく勉強してきたと誉められました。事前に想定した課題を確認するとともに、こちらが想定できなかった課題も教えてもらうことができました。初めてのお客様との面談にはPOLO法はいいですね」と弾んだ声で教えてくれました。次回の面談で、課題に対する解決提案をする了承を顧客からもらい、その後、この顧客で初めての契約を獲得できました。支援先にはPOLO法の有効性を認識してもらい、全営業系社員に研修を行いました。

ほかの支援先でもベテランではない営業パーソンがPOLO法を使って成果を挙げた例はたくさんあります。

● POLO法のロジックツリーを知りましょう

POLO法の特徴の一つは、ロジックツリーを使いながら、顧客の課題を面談前に想定し、それを顧客との面談を通して確認したり、修正、追加したりすることです。

ロジックツリーとは物事を論理的に分析、検討するときに、その論理展開を樹木（ツリー）のような形の図に表現して考えていく思考法のことです（図表３－３参照）。同じレベルの項目同士はMECE（ミーシー）であることが理想です。MECEはMutually Exclusive and Collectively Exhaustiveの略で、「お互いにはまったく別個のものであり、全体としては抜け漏れがない」という意味です。

ちょっと難しい定義ですね。例を見た方がわかりやすいと思います。図表３－３では売り上げ向上のための施策として「顧客数の増加」と「客単価の増加」の二つを挙げています。「売り上げ ＝ 客数 × 客単価」ですから、「客数」と「客単価」は互いに別個でダブリはなく、且つ抜け漏れはないので、これらはMECEになっています。MECEでない例としては、売上向上のための施策を「男性顧客数の増加」、「女性顧客数の増加」、「子

3-3 ロジックツリーとは

> ロジックツリーとは、物事を論理的に分析・検討するときに、その論理展開を樹形図に表現して考えていく思考法のこと

- 結果 ⇒ 原因（why）、目的 ⇒ 手段（how）、全体 ⇒ 部分（what）といった推察を繰り返して論理の展開をする
- 同じレベルの項目同士はMECEであることが理想

（注）MECE：「お互いには全く別個のものであり、全体としては一つのまとまりを成している」

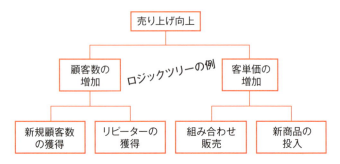

ロジックツリーの例

供の顧客数の増加」と分けた場合です。「子供」には男性と女性の両方がいるので、「男性顧客」と「女性顧客」とダブりがあります。また、客単価に関する考慮がないというヌケもあります。

ロジックツリーやMECEの詳細を説明するのが本書の趣旨ではありませんので、興味のある方はロジカルシンキングに関する本などを参照してください。

POLO法で使う課題の発見・整理のためのロジックツリーは、**図表3－4**のように、上から下に向かって、「ビジネスの目的」➡「戦略」➡「課題」「解決策」へと展開していきます。

「ビジネスの目的」を実現するための手段が「戦略」です。次に「戦略」を実現することを目的と捉えると、その実現手段をPOLO法では「課題」と呼んでいます。さらに、今度は「課題」を実現することを目的と捉えると、その実現手段が「解決策」になります。このようにPOLO法のロジックツリーは目的と手段が繰り返される階層構造になっています。

「ビジネスの目的」や「戦略」、「課題」という言葉を、本書ではどうい

3-4 POLO法のロジックツリーのテンプレート

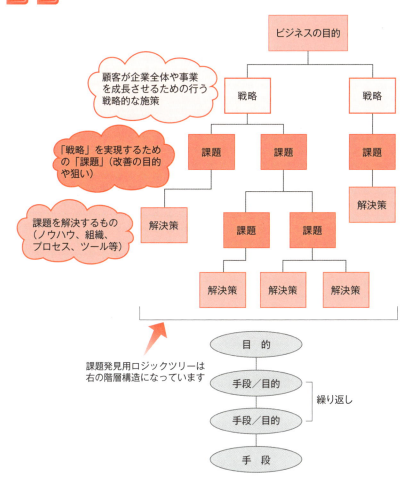

う意味で使っているのか、その定義は後程説明します。

　図表3-5はPOLO法のロジックツリーのサンプルです。これはあるビルメンテナンス業の顧客向けに作成されたものを、少し簡略化したものです。これを作成した営業パーソンはPOLO法を使って情報収集・分析を行い、顧客のビジネスの目的や戦略、そしてそれを実現するための課題、さらには課題の解決策候補まで展開しました。この営業パーソンはビ

3-5 POLO法のロジックツリー作成例

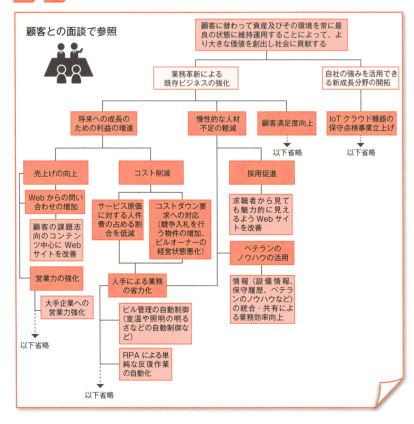

ルメンテナンス業界の知識はゼロでしたが、POLO法を使うことで、それなりのものを作成することができました。

　手抜きをすることを奨励するわけではありませんが、完ぺきなロジックツリーを作成する必要はありませんし、日々忙しくしている営業パーソンがそうするには無理があります。POLO法のロジックツリーで大事なことは、それを顧客に見てもらって、会話に弾みをつけられるかどうかです。こちらが想定した課題は「当たらずといえども遠からず」のレベルで十分です。最低限、面談前に顧客の会社や業界の動向をできるだけ調べ、顧客のビジネスに貢献するために課題を想定しようと努力したことが顧客に伝わればよいのです。そうすれば単なる商品の売り子ではなく、顧客視点で

話ができそうな営業パーソンだと信頼を得やすくなります。

また、営業パーソンにとってもメリットがあります。顧客企業に関する情報を調べ、どんな課題を顧客は持っているのだろうかとあれこれ検討するうちに、自然と顧客への興味が湧き、顧客の役に立ちたいという思いも強くなります。また、もう一つのメリットは顧客の課題を広く網羅的に検討することで、これまでの営業アプローチでは気づきにくい商機を発見できます。また、パートナー企業と協業して、より総合的な解決策を提案できないかなど新たな営業アプローチを考えたりすることもできます。

● POLO法のロジックツリーのメリット

これまでPOLO法のロジックツリーを実際に案件発掘のために使ってみた結果に基づき、その主なメリットをまとめました（**図表３－６**を参照）。

【顧客にとってのメリット】
- 顧客がこれまでと違う視点で考え、ビジネスを改善する方法を見出すのを支援できる

　　多くの顧客は日々の業務に忙しく、なかなか自社や自部門の課題をしっかりと考える時間がありません。そのような顧客にロジカルかつ客観的に課題の発見や整理をする機会を提供できます。
- 顧客は解決策の妥当性と価値を理解しやすくなる

　　企業の目的や戦略から実現のための解決策までの因果関係をロジックツリーで可視化できます。自社商品ファーストの営業方法では、限られた面談の時間の中で、このように顧客の戦略や課題との紐づけをするのは困難です。

【営業側のメリット】
- 顧客とのラポールの形成がしやすくなる

　　営業パーソンと面談するにあたって、何か商品を押し付けられるのではないかと不安に思う顧客は多いと思います。POLO法のロジックツリーを使うことで、こちらが顧客視点で支援したいと思っていることが伝わり、信頼を得やすくなります。

3-6 POLO法のロジックツリーのメリット

【顧客にとってのメリット】
- 顧客がこれまでと違う視点で考え、ビジネスを改善する方法を見出すのを支援できる
- 顧客は解決策の妥当性と価値を理解しやすくなる

【営業側のメリット】
- 顧客とのラポールの形成がしやすくなる
- 案件機会のサイズを大きくしやすくなる

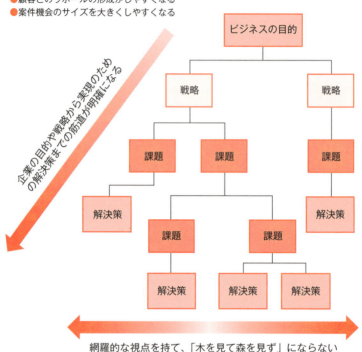

- **案件機会のサイズを大きくしやすくなる**

　視野を広くして顧客の課題を検討することに加え、課題の発見・整理の支援という顧客の企画段階から入りこむことで、大きな案件や多くの案件機会を発掘できるチャンスが増えます。

▶ POLO法で使う言葉の意味

　POLO法のロジックツリーでは「ビジネスの目的」や「戦略」、「課題」という言葉を使っていますが、これらの言葉は使い方に自由度が高く、人によって受け取り方が違うことも多くあります。混乱を避けるために、本

3-7 POLO法での言葉の定義：「ビジネス目的」と「戦略」

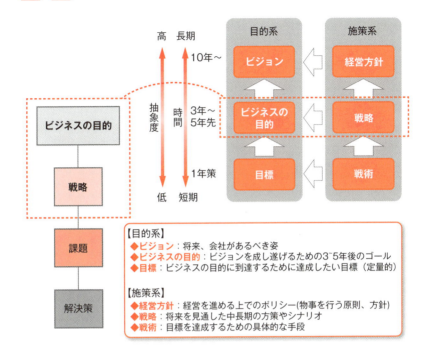

手法でのこれらの言葉の定義を説明します（図表3－7を参照）。

【「ビジネスの目的」の定義】

　企業は、自社の果たすべきミッションや到達すべき姿を長期的な視点に立って「ビジョン」として社内外に示します。この「ビジョン」を中期的な目的におろしたものを「ビジネスの目的」と本書では定義しています。

　例えば、ソニーの「ビジョン」は「テクノロジー・コンテンツ・サービスへの飽くなき情熱で、ソニーだからできる新たな感動の開拓者になる」です。そのビジョンに基づき、2015年から3年間の第二次中期経営計画を投資家向けに公表しています。その資料では、「利益創出と成長への投資」というテーマの下、各事業分野別に3年間で達成を目指すものが掲げられています。POLO法ではこの中期的な目的を「ビジネスの目的」と呼んでいます。

【「戦略」の定義】
　日本人は戦略という言葉が大好きなようです。「戦略的出世法」や「がん治療戦略」、「面接戦略」、「受験戦略」など、ありとあらゆるものに戦略という言葉が付いています。ちょっとした戦術でも、戦略と呼びたがる人もいます。単に「〇〇法」とか「〇〇計画」と言うよりも格調が高く聞こえるとか、真剣に考えた、あるいは深遠なる思想が入っているということを強調したいという気持ちもわかります。戦略という言葉はあまりに自由に使われて、その定義がよくわからなくなった言葉のひとつです。
　POLO法のロジックツリーでの「戦略」とは、「ビジネスの目標」を実現するための施策であり、「将来を見通した中長期の方策やシナリオ」という意味合いです。先ほどのソニーの第二次中期経営計画の例では、3年間で達成を目指すものを実現するための方策が戦略です。

【「課題」の定義】
　POLO法のロジックツリーでは、課題を「戦略を実現するために取り組むべき改善の狙いや目的」と定義しています（**図表3－8**参照）。
　たとえば、「グローバル化を推進する」という戦略があったとします。グローバル化を実現するためには、ターゲットの国が定める法規制に製品を合わせる、ブランディングや商品価値の訴求方法をターゲットの国のユーザー向けにカスタマイズする、英語を使って海外支社の社員を管理できるリーダーを育成する、製造や流通の体制を整えるなど、製品企画や生産、マーケティング、流通、人材など多くの面で現状とあるべき姿にギャップがあります。このギャップ（すなわち問題）はどんな優良企業でも沢山あるものです。企業が持つリソース（ヒト、モノ、カネ、時間）には限りがあり、通常、全部の問題に手を付けられるわけではありません。
　POLO法ではたくさんある問題の中で、顧客が優先的に取り組むべきと判断するものを課題と呼んでいます。優先度は、多くの場合、緊急性や効果の大きさ、あるいは実現に必要な負荷の少なさなどで決まります。
　営業する側からも、顧客が「取り組むべき」と判断する問題かどうかは重要です。顧客自身が、優先度が高い問題（すなわち課題）と認識し、投資をして取り組もうと決めたものでないと、営業として追いかけても案件化されず徒労に終わってしまうからです。

3-8 POLO法での言葉の定義：「課題」

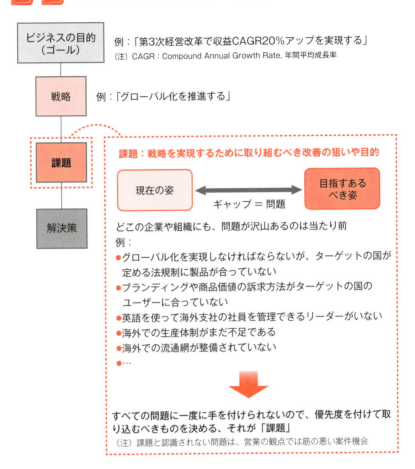

▶ 中期計画レベルが良い理由

先に述べたようにPOLO法では「ビジネスの目的」、そして「戦略」を起点として「課題」、それから「解決策」へと展開していくので、顧客の中期的（3年から5年先くらい）な計画を対象としています。では、なぜ長期的あるいは逆に短期的なスパンでの案件発掘にフォーカスしないのか、その説明をします（図表3－9参照）。

10年先以上のような長期的な「ビジョン」や「経営方針」を出発点にし

3-9 POLO法が中期計画レベルにフォーカスする理由

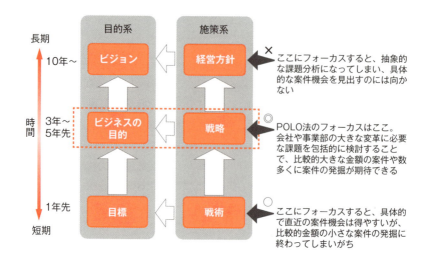

て課題を分析しようとすると、あまりにも抽象的な分析になってしまい、具体的な案件機会を見出すのには向きません。実際、顧客にビジョンや経営方針を尋ねても、顧客自身もよく知らないと苦笑いされることが多くあります。あくまで営業として売り上げを立てる成果を出すことが重要なので、顧客と具体的な会話ができる中期的なタイムスパンのほうが向いています。

逆に1年以内のような短期的な目標や戦術にフォーカスすると、どうなるでしょうか。具体的で直近の案件機会は得やすいですが、比較的金額の小さな案件の発掘に終わってしまいがちです。また、中期的な戦略やその実現に関する課題が視野に入っていないので、単発的な営業になったり、他に関連する案件機会を見過ごしてしまったりします。

POLO法がフォーカスする、中期レベルの計画の場合、会社や事業部の大きな変革に必要な課題を包括的に検討することで、比較的大きな金額の案件や数多くの案件の発掘が期待できます。もちろん、顧客の中期レベルの計画にフォーカスする中ですでに具体化している直近の案件も見つかれば、それも営業として追いかけるのは言うまでもありません。

▶ 大型案件発掘のためには「範囲」を気にすべき

発掘できる案件の額を大きくできる可能性を広げるコツは、POLO法を使って戦略や課題を検討する際、できるだけ検討の範囲を広くすることです。

図表3-10のように、地域の範囲で言うと、例えば本社だけでなく、地方の事業所や子会社も含め、全社的な課題が発掘できれば、大きな案件機会になる期待が持てます。あるいは、業務の範囲でいうと、例えば、製造業務だけでなく、購買物流や出荷物流などの関連する業務まで検討の範囲を大きく検討することで、同様に大きな案件を発掘できる可能性が高まります。他にも、事業の範囲の見地では、一つの事業部だけの課題ではなく、複数の事業部にまたがる課題を検討できないかと考えます。このよう

3-10 できる営業は課題検討の範囲を気にする

- 広い範囲の組織や業務に影響を与える課題を設定することで、顧客への大きな貢献と規模の大きな案件発掘が期待できる
- ただし、範囲を広くとり過ぎると収拾がつかなくなったり、自社のソリューションと結びつかず、営業効率が悪くなってしまう

【地域の範囲】
例：本社だけか、地方の事業所や子会社も対象に含めるか

【業務の範囲】
一部の業務だけか、一連の関連する業務群を対象にするか

【事業の範囲】
一部の事業だけか、複数の事業を対象にするのか

に範囲を広げることで、顧客への大きな貢献ともに、営業する側にとっては規模の大きな案件発掘が期待できます。

　ただし、やみくもに課題検討の範囲を広くすればよいというものでもありません。範囲を広く設定し過ぎると、複雑になりすぎて収拾がつかなくなったり、自社の製品やサービスと結びつかず、営業効率が悪くなったりする恐れもあります。たとえば、顧客企業がカメラなどの光学製品事業と医薬品事業、化粧品事業の多角化を行っている場合に、自社商品が医薬品事業に特化したものであれば、医薬品事業以外の課題を検討する必要性は基本的にないでしょう。

顧客のビジネス目標や戦略を調べる方法

　ここから、POLO法のロジックツリーの作り方を説明します。先ず、POLO法のロジックツリーの頂点にある「ビジネスの目的」とその下に位置する「戦略」について、どのようにして顧客情報を入手するかについて説明します。もし、この企業で案件を発掘したいという具体的ターゲット企業があれば、以下の説明を読みながらぜひ、ご自分でもやってみてください。

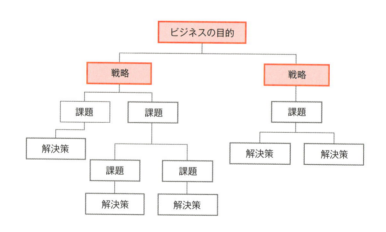

●「ビジネスの目的」と「戦略」情報の収集法

　大型案件を獲得しようとする場合、多くは投資資金に比較的余裕のある大企業や中堅企業がターゲットです。上場企業は投資家向けに経営戦略や事業計画をホームページなどで開示していますので、比較的簡単に中期計画レベルの「ビジネスの目的」とそれを実現するための「戦略」を知ることができます。上場していない企業でも、積極的に企業情報を開示して、市場の信頼を得たり、より良い求職者の確保、あるいは社員やその家族との一体感の醸成したりすることに努めているところもあります。

　このような情報開示に積極的な企業の場合、検索エンジンを使って、企業名と「中期計画」や「事業戦略」、「経営戦略」、「決算報告」などの組み合わせで検索すると比較的簡単に情報を得ることができます（**図表3－11**参照）。

3-11 顧客の戦略情報の入手法

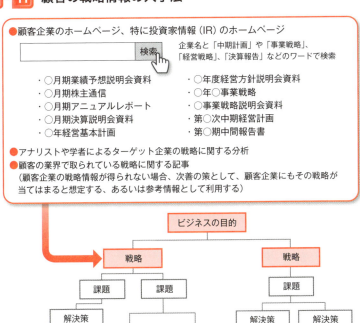

例として**図表３－12**は、ある化学製品メーカーが投資家向けに公開した中期経営計画の一部です。この例のように比較的簡単に、ターゲット顧客の「ビジネスの目的」と「戦略」を知ることができる場合も多くあります。

また、インターネットや紙媒体の専門雑誌、専門新聞などで、その企業に関する記事などからも、この「ビジネスの目的」や「戦略」情報を得られることがあります。

さらには、トヨタやセブン－イレブンといった有名企業の場合、経営学者やコンサルタントなどがよく分析を行っていて、その結果が公開されていることもあります。たとえば、「トヨタ　強み　弱み」、「トヨタ SWOT分析」などのワードでネット検索してみると、沢山の記事が見つかり、企業の戦略などが説明されています。

ただ残念ながら、まったくといってよい程、情報が得られない企業も数多く存在します。このような場合には、最善の策ではないですが、ター

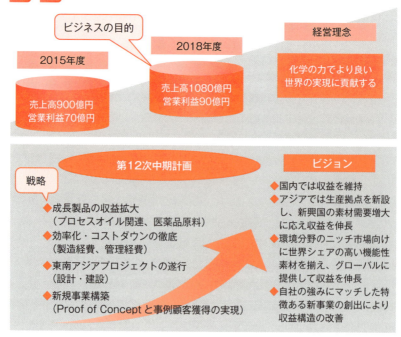

3-12　ある企業の中期計画の例

ゲット企業のビジネスの目的や戦略を想定するのに有効な方法があります。

> 情報が得られない企業に関しては、「顧客の業界で多いビジネスの目的や戦略は、ターゲット顧客にも当てはまる」と想定する。

　生命保険業、化学系製造業、食品小売業など、それぞれの業界には特徴があり、市場の変化などに対応して取り組んでいる戦略に共通性があります。ですから業界辞典のような本に価値があり、売れているわけです。この想定に基づいて顧客の業界動向を調べます。そのための情報源としては、統計や白書、調査・レポート、専門雑誌・専門新聞、インターネットの情報源などがありますが、特にお勧めする情報源は以下です。

【お勧めの業界情報源】
- 『業種別審査事典』(金融財政事情研究会):1000以上の業種について、業界動向、市場規模、海外展開、需給状況、関連法規などを分析しています。銀行が与信審査の参考資料として利用したり、中小企業診断士などのコンサルタントの中にも業界情報を調べるのに活用している人が多いと思います。
- 『TDB Report』(帝国データバンク):半年毎に刊行され、約100の業種について業界動向が掲載されています。
- 業界の全般について簡便に把握するには「業界地図」が使えます。たとえば、『日経業界地図』(日本経済新聞社年刊)、『会社四季報業界地図』(東洋経済新報社)、『図解!業界地図』(プレジデント社)などがあります。
- 三菱総研や野村総研といったシンクタンクが業界動向レポートをネットで公開しています。「○○業界動向」といったキーワードで検索すると、ヒットすることがあります。

　上記の中で、筆者が特によく利用するのは『業種別審査事典』です。この事典は全部で10巻あり、値段も比較的高額で、常に最新版を揃えて持っているのは大変です。そのため、最寄りの図書館で閲覧利用することをお

勧めします。比較的大きな公共図書館や、市民にも利用を開放している大学の図書館によく蔵書になっています。近くの図書館の蔵書検索で調べるとよいでしょう。

　また、図書館に行く前に、第何巻に調べたい業種が載っているのかを、インターネットで調べておくと図書館で探す手間を減らせます。例えば、バルブ製造会社で案件を発掘したい場合、バルブ業界の動向を調べるために「業種別審査事典　バルブ」でネット検索します。そうすると、第5巻にバルブ業界の説明が載っていることがわかります。

　私の経験した例では、ある携帯電話販売企業で案件開拓をしようとしたことがありました。その企業のホームページなどを調べても、中期計画に類する情報はまったく得られませんでした。ユーザーとしてはスマートフォンを持ってはいても、携帯電話販売業界のことはまったく知らなかったため、『業種別審査事典』で調べてみました。携帯電話販売業界の沿革や変遷、市場規模、業界動向、業界の課題と展望、業務内容・特性、主要な携帯電話販売企業の経営指標などの多くの有意義な情報をこの辞典から効率的に知ることができました。その結果、携帯電話販売企業の戦略を**図表3－13**のように想定しました。『業種別審査事典』がなければ、ほとんど手も足も出なかったでしょう。

　上記の戦略を基に、次で述べる方法を使って、仮説ベースでの課題を設定しました。ターゲットとした携帯電話販売企業の代表と面談した際、こうして作成したロジックツリーを見せましたが、代表からは、ほぼ合っているとの評価をしていただきました。こちらが想定した戦略で抜けていたのは、その企業は不動産事業もしており、不動産事業と携帯電話販売事業のシナジーを高めることだとも教えてもらいました。代表にはこちらが事前に業界について勉強してきたことが伝わり、短い初回面談の時間ではありましたが、効率的に課題について会話することができました。

　有料のコンサルテーションサービスとは違い、営業パーソンの活動としては、長い時間と多大な労力を使って業界情報を集め、分析し、顧客を感心させようなどとがんばる必要はありません。事前にできる限りで調べ、顧客のために何ができるかを考えてきたという姿勢を見ていただいて、信頼を得ることをきっかけに、顧客の課題に関する会話に弾みがつけばよい

3-13 携帯電話販売業界の戦略例

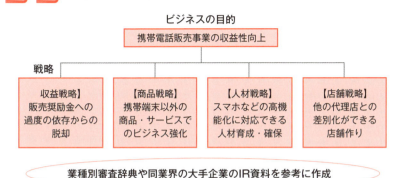

のです。

　ターゲット企業に関する情報が得られない場合、業界で多いビジネスの目的や戦略が、ターゲット企業にも当てはまると想定して業界の情報を収集する方法を説明しましたが、ターゲット企業に関する情報が取れる場合でも、このように業界情報も収集し、併せて検討すれば、より的確な分析ができます。余裕があれば行ってみましょう。

● より上級の戦略分析法

　ここまで説明したように、ターゲットの顧客やその業界情報を集めるだけで通常は十分だと思います。しかしここからは情報を集めるだけでなく、顧客の戦略に抜けているものは何か、その戦略は妥当なのかなどと能動的に考えてみるための方法を説明します。

【アンゾフの成長マトリクス】

　まず紹介するのはアンゾフの成長マトリクスというフレームワークです。マトリクスとは2次元の行列のことです。これを知っていると顧客戦略を理解しやすくなります。

　図表3－14のように、縦軸を既存市場、新規市場に分け、横軸を既存の製品・サービスと新規の製品・サービスに分けた場合、各交点に対応する戦略を「市場浸透戦略」、「新製品・サービス開発戦略」、「新市場開拓戦

3-14 アンゾフの成長マトリクス

	既存の製品・サービス	新規の製品・サービス
既存市場	【A：市場浸透戦略】 課題例： ● 潜在顧客の掘り起こし ● 既存顧客内シェアの向上 ● 既存製品のカスタマイズ	【B：新製品開発戦略】 課題例： ● 新製品のためのイノベーション ● 新製品のブランド確立 ● 販売体制の構築
新市場	【C：新市場開拓戦略】 課題例： ● 新しい販売チャネルの開拓 ● 新市場での認知度確立 ● 既存製品の改良	【D：多角化戦略】 課題例： ● コーポレートガバナンスの確立 ● グループ企業全体での ● リソース配分最適化

略」、「多角化戦略」と呼びます。参考までに、各戦略の下によくある課題を載せています。

このアンゾフの成長マトリクスを参照して、ターゲット顧客はどの戦略パターンを選択しているのか考えてみると、顧客の戦略を理解しやすくなります。また、このマトリクスにあって、顧客の戦略にはないものはどれかとチェックすることで、顧客の戦略に抜けているものはないか、抜けていても問題ないのかなどと検討することもできます。

【クロス SWOT 分析】

もう一つ紹介したい手法はクロス SWOT 分析です（図表３−15参照）。クロス SWOT 分析では、先ず SWOT 分析を行います。すなわち、顧客の内部環境である強み（Strength）や弱み（Weakness）、さらに外部環境として機会（Opportunity）と脅威（Threat）を列挙します。ここで、内部要因とは、製品力や販売力のように企業が自社の力でコントロールできる要因、外部要因とは、景気や少子高齢化のように、企業の力ではコントロールできない要因です。この SWOT 分析は行ってみたことがある方も多いと思います。

SWOT 分析ができたら、そこから、強みと機会の組み合わせで、自社の強みを活かして、機会を利用するにはどういう戦略をとるか、顧客の視

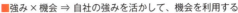

3-15 顧客の戦略パターン例

パターン
- ■ 強み×機会 ⇒ 自社の強みを活かして、機会を利用する
- ■ 強み×脅威 ⇒ 自社の強みを活かして、脅威を乗り切る
- ■ 弱み×機会 ⇒ 自社の弱みを克服して、機会を利用する
- ■ 弱み×脅威 ⇒ 自社の弱みを克服して、脅威による撤退を防止する

企業の内部要因（強み／弱み）× 企業の外部要因（機会／脅威）

	機会	脅威
強み	**積極的攻勢型** 市場の好機に対して、自社の強みを生かそうとする定番の戦略	**市場創造型** 社会や市場の変化による脅威に対して俊敏に反応し、自社の強みを活用した先行的戦略を実施
弱み	**変革・強化型** 市場の機会を捉えるためのリソースが不足しているところを、自社の強化策や他社とのアライアンスによる補完戦略を実施	**撤退・防衛型** 社会や市場や社会の変化による脅威と自社のリソースとを勘案し、撤退・縮小戦略か、リスクヘッジ戦略を展開

（注）強みと弱みは内部要因、すなわち自社でコントロールできる要因
機会と脅威は外部要素、すなわち自社のコントロール外の要因

点に立って自分なりに考えてみます。同様に強みと脅威（自社の強みを活かして、脅威を乗り切る）や弱みと機会（自社の弱みを克服して、機会を利用する）、弱みと脅威（自社の弱みを克服して、脅威による撤退を防止する）の組み合わせでも、自分だったらどういう戦略を考えるかと検討してみます。このようにS、WとO、Tを互いに掛け合わせて分析するので、この手法はクロスSWOT分析と呼ばれています。

こうして自分で考えた戦略と顧客の戦略を比較し、気づきをメモします（**図表3−16**参照）。特に、自分が考えた戦略で顧客の戦略に無いものと、顧客の戦略にあって自分が考えた戦略に無いものをリストアップし、その差異の原因は何かと考えてみると、気づきが得られることが多くあります。

● 顧客の基本情報もついで整理しておこう

ターゲットとする顧客のビジネスの目的や戦略などを調べていると、自

3-16 クロスSWOT分析結果記入表

強み×機会 ： 自社の強みを活かして、機会を利用する

SO1.
SO2.
SO3.

強み×脅威 ： 自社の強みを活かして、脅威を乗り切る

ST1.
ST2.
ST3.

弱み×機会 ： 自社の弱みを克服して、機会を利用する

WO1.
WO2.
WO3.

弱み×脅威 ： 自社の弱みを克服して、脅威を乗り切る

WT1.
WT2.
WT3.

顧客の戦略と自分で考えた戦略を対比して、気づきを記入する。
(自分が考えた戦略で顧客の戦略に無いものと、顧客の戦略にあって自分が考えた戦略に無いものをリストアップし、その差異の原因は何かと考えてみると、気づきが得られやすい)

然と顧客の企業概要などの情報にも行き当たります。それら基本情報も整理し、メモしておきましょう。

　押さえておくべき情報としては、顧客の業界名、所属業界に於ける位置付け（リーダー、チャレンジャー、フォロワー、ニッチなど）、代表者名、創業・設立時期、事業の内容、従業員数、本社・事業所の所在地、資本金、株式公開有無、ここ数年間の売上および収益、最近の主なニュースな

3-17 顧客の企業概要要約例

会社名	
業界	
所属業界に於ける位置付け（リーダー、チャレンジャー、フォロワー、ニッチなど）	
Web Site	
企業概要、最近の主なニュース	
代表者	
創業・設立*1	
ミッションステートメント	
事業（事業の内容、主な顧客、仕入先、パートナー企業、競合会社）	
従業員数	
本社所在地	
資本金	
株式公開有無	
売上および収益とその成長率	
重視する経営指標（ROAなど）	

＊1：創業とは、事業を始めた時期を指し、設立は会社組織として登記し、法人組織としてスタートした時期を指します。

どです。それらを**図表3-17**の表のようにまとめておくとよいでしょう。

特に重要な顧客に対しては第4章で説明するアカウントプランを作り、その中の顧客の基本情報に関するところに記載しておきます。こうすることで、後で必要になった時も見返しやすくなります。また、他の営業チームメンバーとの情報共有や、顧客の担当者が変わった時の引継ぎがしやすくなります。

● より上級の顧客理解の方法

顧客企業のプロフィールを知るために、ホームページの企業概要などを見るだけでも通常間に合いますが、顧客企業とそれを取り巻く環境をより

よく知るための手法として、3C分析とビジネスモデルキャンバスを紹介します。

【3C分析】
3C分析とは、Customer（市場・顧客）、Competitor（競合）、Company（顧客企業）の3つの視点から分析を行うのでこう呼ばれます（**図表3－18**参照）。

それぞれの分析で調べる代表的な項目の例は以下です。

Customer（市場・顧客）（注）顧客は顧客企業の顧客
- 市場の規模
- 市場の成長性
- 顧客ニーズ
- 顧客の購買行動

Competitor（競合）（注）競合は顧客企業の競争相手
- 競合企業のシェア
- 競合他社の強み、弱み
- 新規参入、代替品の脅威

Company（顧客企業）
- 顧客企業の理念、ビジョン
- 顧客の事業や主な製品、サービス
- 経営状態（収益性、安定性、効率性）
- 顧客の強み、弱み

ちなみに、SWOT分析の強み（Strength）と弱み（Weakness）は、3C分析のCompany（顧客企業）に対応します。また機会（Opportunity）と脅威（Threat）はCustomer（市場・顧客）とCompetitor（競合）に対応しています。このように3C分析とSWOT分析と重なる部分が多いですが、3C分析ではCustomer（市場・顧客）とCompetitor（競合）を

3-18 3C分析で顧客のビジネスを理解する

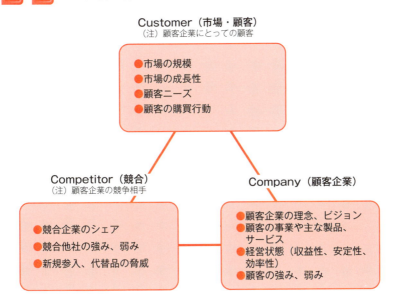

明確に意識するので、顧客企業を理解しやすいと思います。

また最近では、上記の3Cに加えて、Channel（販売チャネル）やCo-operator（協力者、パートナー企業）を追加し、4C分析を行うことも増えてきています。

【ビジネスモデルキャンバス】

ターゲット顧客のビジネスを理解する方法として、ビジネスモデルキャンバスというフレームワークを使うのも有効です。ビジネスモデルとは「企業がどのように価値を作って、それを顧客に届け、収益をあげるかをロジカルに記述したもの」です。

図表3—19がビジネスモデルキャンバスのフレームワークで、ビジネスの構成要素を9つに分け、各要素が他の要素とどのように有機的に連携しながら、ビジネスを成り立たせているのかを視覚的に示せるという利点があります。

漠然と顧客企業について調べるよりも、9つの要素にそれぞれについて

3-19 ビジネスモデルキャンバスで顧客のビジネスを理解する

【パートナー】 ●主要なパートナーは誰か ●主要なサプライヤーは誰か ●パートナーから得ている主要なリソースは何か ●パートナーはどの主要な活動を実施しているか	【主な活動】 事業価値の提供に必要な主要活動は何か	【顧客への価値】 ●顧客にどのような価値を提供しているか ●顧客のどのような問題を解決しているのか ●各顧客層にどのような製品とサービスの組み合わせを提供しているか ●どの顧客のニーズを満たしているか	【顧客との関係】 ●顧客が期待する関係はどのようなものか ●どれを現在、実現できているか ●それはビジネスモデルの他の要素と、どのように統合されているか ●それはどの程度のコストがかかっているか	【顧客セグメント】 ●誰のために価値を提供するのか ●最も重要な顧客は誰か
	【主なリソース】 事業価値の提供に必要なリソースは何か		【流通チャネル】 ●顧客はどのチャネルからリーチされるのを好むか ●現在、我々が提供しているチャネルは何か ●我々のチャネルはどのように統合されているか ●最も効率の良いチャネルはどれか	
【コスト】 ●このビジネスモデル固有の最も重要なコストは何か ●どのリソースに最もコストがかかるか ●どのキー活動に最もコストがかかるか			【収入】 ●顧客はどの価値に最もお金を払いたがるか ●顧客は現在、何にお金を払っているか ●現在、どのように支払っているか ●顧客にとって好ましい支払い方法は何か ●個々の収入は全体の収入に対してどれだけ貢献しているか	

出所：www.businessmodelgeneration.com

記入しないといけないので、より的確に顧客のビジネスを理解できるようになるとともに、自分があまり着目していなかったことに関する気づきを得るのにも役立ちます。

顧客の課題を想定する方法

次に、POLO法のロジックツリーの「戦略」の下に位置する「課題」について、どのように想定するかの方法について説明します。

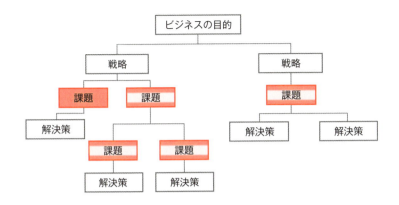

◉ 課題に関する仮説を面談前に立てる必要性

顧客との面談前に仮説ベースで課題を想定する必要がある理由は次の三つです（**図表3-20**を参照）。

❶ 顧客は課題を公開していない

ターゲットとする顧客が公開している経営戦略や事業計画関連の資料はきれいにまとめられていたり、抽象的すぎたりして、戦略を実施するためには何が課題かがわかりにくいことが殆どです。**図表3-12**もそのような例です。そのため、自分で仮説を想定する必要があります。

❷ 顧客は積極的に整理立てて課題を話してくれない

何の準備もせずに、初回面談であれこれ質問しても、顧客は積極的に課題を教えてくれませんし、いきなり聞かれて整然と説明するのは顧客にとって困難です。顧客の立場に立って考えてみれば、これは明らかでしょう。あなたが顧客だとして、初対面の社外の人である営業パーソンに、自社や自部門の悩みをオープンに全て話すでしょうか？

❸ 初回面談でもらえる時間は短い

初回面談であれば、もらえる時間はせいぜい1時間程度でしょう。最初の挨拶やアイスブレイクのための時間も必要ですので、実質的な話ができる時間はもっと短くなります。そんな短い時間で、何も課題に関する仮説を用意せずに質問をしても、効果的に課題の発見や整理をすることは望み薄です。

3-20 なぜ課題に関する仮説を立てる必要があるのか

1. 顧客は自社の課題をオープンにしない

経営戦略や事業計画を投資家向けサイトなどで公表していても、戦略を実施するための課題かわかりにくいことがほとんど

公開されている戦略の例：
売上向上戦略：○○で3年後に売上30％アップ

これを実現するためには、何が課題か（例：人的リソース、スキル、IT利活用力、資金）についての情報は開示されていないのが一般的

2. 顧客は積極的に整理立てて課題を話してくれない

初対面の社外の人に、自社や自部門の悩みをいきなり聞かれても…

3. 初回面談でもらえる時間は短い

初回面談でもらえる時間はせいぜい1時間程度で、挨拶やアイスブレイクのための時間を引くと、実質的な会話ができる時間はもっと短い

短い面談時間で、効果的に課題の発見や整理をするには、
事前に課題に関する仮説を用意していく必要がある

　以上のように、顧客との面談で効果的に課題の発見や整理をするには、面談前にできるだけ顧客の課題を考えていくことが必要になります。

　逆に、営業パーソンが事前に自社のことを調べ、仮説ベースでも課題を想定してきているとなれば、顧客は限られた時間の中で課題について話してみようかと思うのではないでしょうか。

　仮説とは、少し難しい言い回しですが、「ある現象を合理的に説明するために、仮に立てた説」です。最初は思いつきや思い込みがきっかけかも知れませんが、それでとどめず、その真偽の検証をヒアリングや調査を行っていくことで、より確からしい説にしていきます。

仮説は同じ内容でも、下の表現例1のような前向きな言い方と、例2のように若干ネガティブな言い方ができますが、本書では、例1のポジティブな表現方法をとります。

> 仮説の表現例：
> 例1：○○を実現するには、○○を改善すればいいのではないか
> 例2：○○という問題が起こるのは、○○が原因だからではないか

▶ 私たちは日々、仮説を立ててそれを検証している

仮説というとどうも堅苦しいですが、私たちは日々の生活の中で自然と仮説を立て、それを検証しており、何も難しいことはありません。

例えば、糖質制限ダイエットに取り組んでいる人の場合をとってみましょう（**図表3－21**）。完全に糖質をカットするのか、ある程度の糖質はとるのか、食事制限だけなのか、運動にも取り組むのかなど、さまざまオプションがある中で、自分なりの考えでダイエットに取り組んだとします。最初の2ヶ月は順調に体重が減っても、そこから体重が減らず停滞してしまった場合、さまざまな対策を考えると思います。例えば、最近、仕事の付き合いで夜、食べ過ぎたので、それをもっと控えればよいのではな

3－21 私たちは毎日仮説を立てている

> あなたは体重を減らそうと、糖質制限ダイエットを始めました。炭水化物は朝だけにし、昼と夜は肉と野菜だけを食べにするという生活をしばらく続けました。
> しばらくは順調に減っていましたが、目標体重に届く前に減らなくなってしまいました。

> なぜ、体重が減らなくなったと思いますか？
> あなたの想定仮説を一つ書いてください。
> また、その仮説の検証方法も書いてください。

（あなたの仮説）

_____

（仮説の検証方法）

_____

いか、あるいはエクササイズにもっと取り組んで基礎代謝量を上げればよいのではないか、など。これが仮説です。そして試してみたい仮説を選んで実行し、その仮説が正しいかどうか確かめます。これが仮説検証です。

▶ 課題発見のためには意識の持ちようが大切

顧客の課題の発見・確認のためには、顧客に単に質問して聞いてみるだけでなく、自分なりに情報を収集し、営業パーソン自ら、顧客の課題を想定することが大切です。しかし、慣れない内は、なかなかうまくいかず投げ出したくなることがあると思います。そうならないためには、次の意識を持つことが大切です（図表３－22参照）。

- 当事者意識

  顧客の立場になり、顧客の社員になったつもりで、顧客の会社や職場を見ることができているかどうかです。他人事というスタンスでは、顧客の課題を真剣に考えるのは難しくなります。

- 楽観性

  最初のうちは、自分は本当に顧客の課題を想定できるのだろうかと

3-22 課題発見のための意識の持ちようが大切

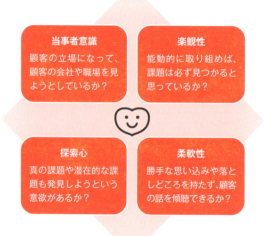

疑心暗鬼になることもあると思います。粘れば、課題は必ず見つかると思い込むことも必要です。慣れてくると、だんだんと課題のパターンなどがわかってきて、それほど困らなくなります。

- **探索心**

  顧客の課題に興味を持ち、顕在化している課題だけでなく、真の課題を追及したいという思いを持って課題の発見に取り組むことが必要です。

- **柔軟性**

  営業パーソンにありがちですが、この商品を売るためには、このような課題があって欲しいと勝手な思い込みや落としどころを持たないようにする必要があります。課題の想定においては、客観的で広い視野を持ち、多様な考えを受け入れられる柔軟性も必要です。

▶ 顧客の課題の想定法

これから説明する方法を使って「課題」を想定し、それをロジックツリーの「戦略」の下に列挙します。課題をさらに下位レベルの課題に分解できる場合は、課題を複数の階層で表します（**図表３−２３**参照）。

それでは、情報ソース毎に、課題の想定法を説明します。

【メディアの業界情報】

前述の通り、課題を想定するには顧客が属する業界情報が役に立ちます。

戦略情報を得たのと同様に、戦略を実現するための業界での典型的な課題は何かを調べて、それがターゲットの顧客にも当てはまると想定します。先に紹介した『業界審査辞典』には、各業界の企業が抱えている課題が載っています。また、経営指標、例えば、利益率、当座比率、自己資本比率などに関してその業界平均値や大手の実績値が載っていることもあります。それらの数値とターゲット顧客の数値を比較して、経営指標の観点から課題を知ることができる場合もあります。

戦略情報の入手のところで携帯電話販売業を例に挙げましたので、課題情報の入手に関してもこの業界を例にとります。『業種審査辞典』で説明されている携帯電話販売業の典型的な課題を参考にし、さらに投資家向けの資料に記載されていた大手の携帯電話販売企業の課題も参考にして作成

3-23 顧客の課題想定の方法

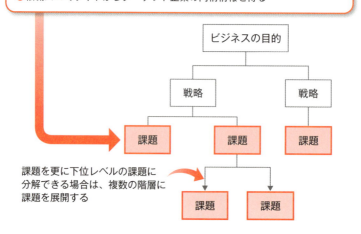

- 業界に関するメディアから業界の課題に関する情報を入手し、それが対象顧客にも当てはまると想定する
  ・業界地図、業種審査辞典、TDB Report、各種調査機関の業界レポート
- 同業他社で分かっている課題を参考にする
- 転職口コミサイトからターゲット企業の内情情報を得る

課題を更に下位レベルの課題に分解できる場合は、複数の階層に課題を展開する

したロジックツリーが図表3-24です。先にも述べたように、私は携帯電話販売業についてはほとんど何も知りませんでしたが、それなりのものを作成することができました。ターゲットの携帯電話販売会社の代表からは、自社の課題に関しても当たっているものが多いというコメントをもらうことができました。

【転職口コミサイトの情報】
　ターゲットの顧客の課題を想定する別の方法として、転職口コミサイトを調べてみる方法もあります。例えば、「Vorkers」や「転職会議」などの転職口コミサイトには、ターゲットの顧客に関する課題を見つけられることがあります。
　この情報ソースには以下のようなメリットがありますが、デメリットもあるので気をつけながら利用する必要があります。

3-24 携帯電話販売業界の課題例

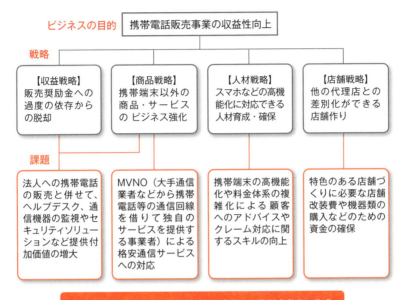

業種別審査辞典と大手携帯電話販売企業のIR資料を参考に作成

● メリット

▶ 中堅・中小企業の情報も得られる

　投資家向け情報が充実している大企業以外の企業の情報を得るのは難しいことが多いですが、転職口コミサイトには中堅や中小企業に勤めていた、あるいは現在勤めている人が投稿した情報が多く登録されています。

▶ 生々しくリアルな情報

　現在の社員、あるいは元社員が、経営者への要望や会社の戦略についての意見などを述べており、通常、内部の人間にしかわからない情報が得られます。

▶ 新鮮な情報

　調査機関の公式なレポートや業界に関する書籍には直近の情報が反

映されていないことが多いですが、転職口コミサイトには刻々と新しい情報が入ってきます。

- デメリット
  - 信ぴょう性に注意が必要

　あくまで個人の口コミであり、疑わしいコメントも載っていることを念頭に置いて参考にする必要があります。ただ、何十、何百という口コミがされている企業も多く、そこで多くの人が共通して言っていることは確からしさが高いとみなせます。

転職口コミサイトの情報を利用した時の例
　ある大手精密機器メーカーで案件発掘をしようと、その企業のIR向けホームページから中期成長戦略の資料を入手しました。そこには、戦略として、「高度な技術で潜在ニーズを満たす商品による市場の活性化」、「先進的顧客とのパートナーシップの拡充による新分野の開拓」、「新興市場での成長力を支えるための事業基盤確立」といったことが書かれていました。このように戦略の説明は抽象的なレベルに留められており、どこの製造関連企業にも当てはまるような一般的なものです。その戦略を実施するのに、どんな課題や制約があるのかについてはわかりません。

　そこで転職口コミサイトで、この企業に関する口コミをみてみました。大企業であるので、元社員や現社員からの投稿が数百載っていました。多くの投稿者が指摘する強みとして、「○○機器に関しては日本国内での圧倒的シェア。ここまで手広く商品ラインナップを揃えているメーカーは日本国内では存在しない」、「日本では競合が非常に少なく、その多くは特許で守られている」などの記述がありました。

　また、弱みとしては、「新しい領域への取り組みが消極的。後追いの製品が多い」、「収益性でいうと○○機器に偏りすぎており、それ以外の事業を伸ばすことはうまくいっていない」、「他事業部からの異動が少なく、小企業が集まっているような会社で横のつながりが弱い」などのコメントがありました。さらに、経営者への提言も載っており、「合併前の出身企業ごとに派閥が今も残っており、風通しが悪いので改善して欲しい」、「経営者は現場の声をもっと聞いてほしい」といった声が多くあがっていました。

当然のことながら、この企業のIRサイトをみても、上記のような事柄は、どこにも書かれていません。この転職口コミサイトのおかげで、ターゲット顧客の戦略を実現するのに障壁となっているもの、すなわち課題を想定することができました。

● 課題を想定するための上級テクニック

業界に関する書籍やネット情報、さらに転職口コミサイトを見てみたが、さらに課題に関する仮説を考えてみたいという方向けのテクニックを説明します。

漠然と課題について考えてもなかなか良い考えは浮かんでこないことが多いと思います。そこでお勧めは、対象を分解して考えてみることです。「わかる」は漢字では「分かる」と書きますが、この語源は「分ける」から来ているそうです。また、問題解決手法の一つとして分割統治法というものがありますが、これも分けて考えようという趣旨で、「そのままでは解決できない大きな問題を、小さな問題に分割して、それら全てを解決することで、最終的に最初の問題全体を解決する」という手法です。この分

3-25 課題を考えるヒント

分解の視点	サンプル
構成要素に分ける	・機能組織（開発、製造、マーケティング、財務、人事など） ・生産管理の重要要素は、品質・コスト・スピード ・戦略策定の切り口は、3Cまたは4C（Company、Customer、CompetitorとCollaboration）
対立する概念で分ける	・既存事業 vs. 新規事業 ・内部改革（業務改革など）vs. 外部志向改革（新市場開拓、新規事業など） ・定期（例：定型業務）vs. 不定期（例：非定型業務） ・強み vs. 弱み
式の形に分解する	・売上＝客数×客単価 （客数はさらにリピーターと新規顧客に分解できる。客単価はさらに購入品点数と購入価格に分解できる。） ・利益＝売上－コスト ・生産能力＝歩留率×生産速度×正味操業時間率×操業時間
プロセスで分ける	・ソフトウェア開発：要件定義・設計・開発・テスト ・運送業の価値連鎖：車両購入・営業活動・契約・集荷・輸送・配送

割統治というのはもともと政治の用語で、ある者が統治を行うにあたり、被支配者を分割することで統治を容易にする手法のことを意味します。

図表３−２５を参照してください。顧客の戦略を実現するにあたり、何が課題かと考える際に役立ちそうな分解の切り口の例です。すなわち対象を構成要素や対立する概念、式の形に展開、プロセスに分けるなどしてみて、分解要素毎に、課題は何だろうとあれこれ考えてみると、思いつきやすくなります。

図表３−２６は顧客の在庫管理に関する課題を分解して検討した例です。ぼんやり考えていると、課題を想定しにくいので、この場合、在庫に影響を及ぼす要素として、販売計画と生産計画の二つをとりあげました。それぞれについて考えてみると、課題を想定しやすくなりました。また、この例では参考までに、想定した課題を確認するための質問や調査事項も載せています。

3-26 仮説ベースの課題分解例

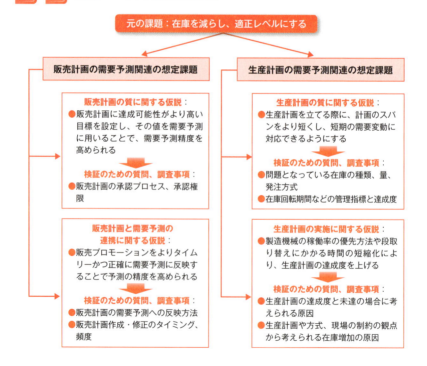

ここまで課題の想定法を説明してきました。次は、課題に対する解決策の候補出しをする方法を説明します。

顧客視点で解決策の候補を検討する方法

POLO法のロジックツリーの最下層には、課題を解決するソリューションの候補を記します。

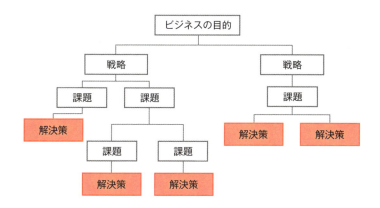

顧客との面談前なので、言わばアイデアレベルの備忘録として、解決策の候補をリストアップします。こうする理由は、顧客との面談の中で課題に合意したら、すぐにどんな解決策があるかを言え、詳しく提案させてもらえるように依頼できる必要があるからです。通常は初回面談の中で詳しい提案をする時間はなくなってしまうので、日時を改めて、説明させてもらうためのアポイントメントを取ります。

営業パーソンからすると、初回面談前にロジックツリーを作成する手間をかけて、効果的に案件を発掘しようとするわけですので、提案できる解決策の種をしっかり列挙しておく必要があります。ここで、手を抜いてしまうとせっかくの労力が無駄になってしまいます。

▶ 解決策検討の視点 KOPT とは

売りたい商品が初めから決まっており、その提案につなげやすい課題を見出すことがソリューション営業だと考える営業パーソンを多くみかけま

すが、本当にそれで良いのでしょうか？

　顧客の立場になって考えてみましょう。顧客にとっては、製品やサービスの購買契約を結ぶという出来事は、大きなイベントではありますが、まだ道半ばです。それが社内で活用され、効果を発揮して初めて買って良かったということになります。万一、契約した商品やサービスをうまく導入できないと、その購買担当者は社内の評価が下がるかもしれません。大型案件の場合、関係者のキャリアに傷がついたり、顧客企業全体に大きなダメージを与えたりしてしまうかもしれません。だから顧客の視点に立って、ソリューションを親身に考える必要があるのです。

　将来の追加案件機会の発掘の観点から言っても、顧客の満足度が高ければ、クロスセルやアップセルを獲得しやすくなります。逆にトラブルになってしまうと、出禁になったりして将来の案件発掘は困難になります。

　顧客視点に立ってソリューションを考えるためのツールとして、KOPTというものがあるので、その紹介をします（**図表３−27**を参照）。

　KOPTとは下記の頭文字を取ったもので、この切り口から解決策を考えてみると検討の抜けを減らすことができます。

- ● K：Knowledge（知識やスキル、経験、ノウハウ）

　　代表してKnowledge（知識）としていますが、他にもスキルや経験、ノウハウなど、人に関わる無形資産があるか。

　　課題実現に必要なものが不足していれば、それを獲得する解決策が必要です。例えば、高度なITツールを導入しようとしても、ユーザーに十分なITリテラシーがない場合、その解決も必要です。

- ● O：Organization（組織や体制）

　　共通の組織目的を持っているか、お互いに協力し貢献しようという意思を持っているか、円滑なコミュニケーションが取れているか。命令系統や責任の範囲、権限は明確か。

　　課題を実現するためには、今の組織体制では十分効果を発揮できないことがあります。たとえば、情報共有のツールを導入しようとしても、組織風土が上意下達の軍隊のような組織では、効果を十分見込めません。このような場合、組織や体制についての解決策も必要になります。

KOPT：解決策検討の切り口

× 製品を売っている営業の場合、一般にT（ツール）だけを考えがち
○ 解決策はユーザーに活用されて効果を発揮して初めて価値があるので、顧客の視点に立って、解決策を網羅的かつ親身に考える

KOPTの視点で総合的に解決策を考える
- K：Knowledge（知識やスキル、経験、ノウハウ）
- O：Organization（組織や体制）
- P：Process（業務プロセス、作業の流れ）
- T：Tool（ツール）

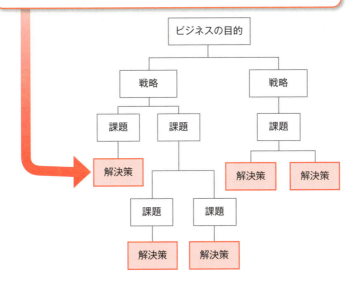

- P：Process（業務プロセス、作業の流れ）

　企業の活動は、生産管理、マーケティング、人事、会計等の業務が一連の流れで効率よくつながっているか。
　業務プロセスのどこかにムダやムリ、ムラなどがあり、課題の実現を阻害していないか。もしそうであれば、業務プロセスの改善が解決策として必要です。

- T：Tool（ツール）

　業務効率や品質などを改善するための道具（ハードウェア、ソフト

ウェア)、例えば、アプリケーションソフトウェア、ITサービス、工具、機械などを活用して課題を解決できるか。

ハードウェアでもソフトウェアでも何か商品を売っている営業の場合、一般にKOPTの中のT（ツール）だけを考えがちです。顧客に対して、自社の製品を購買さえすればすべての課題は実現できると言ってしまいがちです。先の述べたように、顧客の成功が自社の成功につながるのですから、KOPTの切り口で真摯に解決策を考えてみる必要があります。

● KOPTの使用例

図表3−28は「オフィスの生産性向上による働き方改革」というテーマに関する課題に対し、KOPTの切り口で解決策を検討した例です。

この図表の中段左側に、「会議運営の効率化」という課題があります。この課題に関しては、T（ツール）にあたるグループウェアを導入さえす

3-28 KOPTによる解決策検討の例

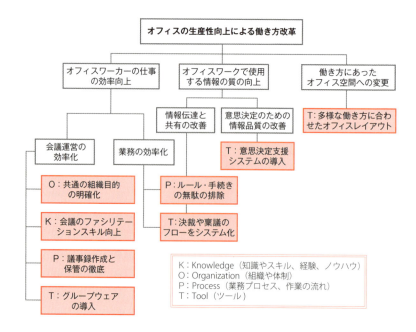

れば十分というわけではありません。ちなみにグループウェアというのは、電子メールやスケジュール管理、Web 会議、ワークフロー（電子決裁）、電子掲示板、会議室予約、ファイル共有など様々な機能が有機的に一つのシステムに統合されていて、ユーザー同士での情報の交換・共有や業務の自動化による業務の効率化を支援するツールです。

　P（プロセス）について考えてみると、事前にアジェンダを明確に知らせない、参加者が時間通りに集まらない、会議の議事録が取られないといった会議運営に関する問題を抱える会社は多くあります。したがって、会議運営プロセス改善も課題解決に必要となるかもしれません。

　またK（スキルや経験、ノウハウ）の観点では、議事進行役のファシリテーションがうまくないため、議論が不活発だったり、会議中に内職や中座をして議論への参加が不十分な人が見受けられる会議も多くあります。そのためファシリテーションのスキルを上げることも解決策として必要かもしれません。

　さらにO（組織や体制）の観点では、そもそもチームでの目標が共有されていない、あるいは職場の風土がギスギスして互いに協力する雰囲気がないため、有益な議論ができない会社もあります。この場合、組織の在り方に関する解決策が必要です。

　グループウェアを販売している営業パーソンの場合、顧客に対して、自社のツールさえ買えば、課題解決ができると顧客に提案しがちです。しかし上記の例のように、単にツールを買えば全ての問題は解決ということにはならないのは明白です。

　一般に製品を売る営業は解決策提案の際、KOPTのTにしか頭がいかないことが多くあります。そうではなく、顧客が本当に課題を解決するにはどんな解決法があるのか、顧客視点で親身に考える必要があります。

POLO法のロジックツリーに磨きをかける方法

　顧客の「ビジネスの目標」から始まって、「戦略」、「課題」そして「解決策」までロジックツリーの上位から下位まで作成した後、抜け漏れやダブりがないかチェックしてみる必要があります。たとえば、提案できる解決策を抜かしてしまうと、自社の製品やサービスを提案する機会を逸して

しまいます。こうなるとせっかく労力をかけてPOLO法のロジックツリーを作成しているので大変もったいないことになります。

このため、POLO法のロジックツリーを作成し、さらにそれをチェックして、磨きをかける手順を以下に説明します（**図表３－29**参照）。

❶ **トップダウンに上から下へと展開**

「戦略」、「課題」そして「解決策」まで、上位から下位の要素の展開で、前述した方法で行います。

❷ **解決策として登場していない製品やサービスをリストアップ**

①で作成したPOLO法のロジックツリーについて、提案したいと思う製品やサービスで、ロジックツリーにまだ登場していないものはないかをチェックします。

自社が提供できる商品だけでなく、販売パートナー企業の商品があれば、それも提案に入れられないか、忘れずに検討にします。

❸ **②の製品やサービスをロジックツリーに追加できないか、ボトムアップに検討してみる**

まだ追加されていない製品やサービスが解決できそうな顧客の課題がないかチェックし、さらに、その課題を戦略、ビジネスの目的に紐づけられないかをボトムアップに考えてみます。

そのような紐づけが可能であれば、それをロジックツリーに反映します。なかには、その検討の過程で、抜けている、あるいは、修正が必要な課題や戦略を見出すこともあり、その場合は課題や戦略も適宜、直します。

❹ **①～③を数回繰り返し、抜け漏れや上下、左右の展開の整合性があるかをチェック**

以上のようにトップダウンでのロジックツリーの作成と、提供できる解決策をベースにしたボトムアップでのロジックツリーの作成を数回繰り返し、戦略や課題、解決策に抜け漏れはないか、また上下、左右の展開に整合性があるかをチェックします。このようにするとロジックツリーの完成度が上がります。POLO法では通常、作成したロジックツリーを顧客に見せるので、ロジックツリーを作りっぱなしではなく、このブラッシュアップ作業を必ず行いましょう。

3-29 POLO法のロジックツリーに磨きをかける方法

① トップダウンに上から下へと展開
② ロジックツリーに解決策として登場していない製品やサービスをリストアップ
③ ②の製品やサービスを解決策としてロジックツリーに追加できないかに検討してみる
　（課題や戦略の修正、追加が必要なことに気づくこともある）
④ ①〜③を数回繰り返し、抜け漏れや上下、左右の展開の整合性があるかをチェック

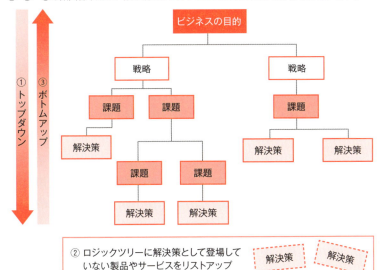

第3章のまとめ

1 POLO法の目標は、顧客の課題の発見・確認の支援を通して大型案件機会を発掘すること

顧客との面談前に、そのための事前準備をしっかり行うことを重視

2 POLO法には次の3つが含まれる
① ターゲット企業に関する情報収集・分析法
② ロジックツリーを使いながら、仮説ベースで顧客の課題を導出する方法
③ 大型案件を狙ったソリューションコンセプトの作成方法
①については本章で説明し、②は本章と第4章、③については第5章で説明

3 POLO法のロジックツリーは「ビジネスの目的」そして「戦略」、「課題」、「解決策」へと展開する

作成したロジックツリーは通常、初回面談で顧客に見せて説明する。そのやり方は4章で詳述

4 課題発見のための意識が大切

「当事者意識、楽観性、探索心、柔軟性」を持って、わかるわけがないと投げ出さない

5 KOPTを使って解決策候補を列挙する

K：Knowledge（知識やスキル、経験、ノウハウ）、O：Organization（組織や体制）、P：Process（業務プロセス、作業の流れ）、T：Tool（ツール）の4つの検討軸で解決策候補を考える

POLO法に基づく顧客との効果的な初回面談の実施法

第4章

やっとのことでアポ取りができ、初回面談にこぎつけても、この初回面談の結果、顧客と課題に関する合意ができなければ、後続の課題解決の提案機会を獲得できません。逆に、大きな案件や多くの案件発掘につながりそうな課題が初回面談で見つかれば、その後の営業活動に期待が持てます。

第3章でPOLO法を使って面談前に顧客に関する情報を収集・分析し、課題を想定する方法を説明しました。本章では、それを使ってどのように顧客との初回面談を効果的に実施するか、時間の流れに沿いながら説明していきます。

初回面談前の準備

▶ 初回面談の機会獲得法

まずはターゲット企業とのアポイントメントがとれなくては始まりません。アポ取りの代表的な方法をいくつか紹介します（**図表4－1参照**）。

【新規顧客開拓の場合】
- テレアポ

　　一般的な方法は架電対象企業リストを用意し、それを基にひたすら電話をかけるテレアポでしょう。テレアポでアポイントメントを取れる確率は千三つ（せんみつ、千回に三件の意味）とも言われ、商材や業界によっても違うと思いますが、非常にその確率は低いのは確かです。例えば、私が営業支援していたIT系企業の場合、その確率は3％程度でした。最近はテレアポの専門家による代行サービスが多くなり、それを利用して、全体の営業効率を上げようとする企業も増えています。

　　また、イベントやセミナーを実施し、それに参加した人をメールや電話などでフォローしてアポイントメントをとることもよく行われます。
- 人的ネットワーク

　　人的ネットワークを利用して、アポイントメントを取り付ける方法もよく行われています。最近では自社経営陣などの人脈だけでなく、大手企業での役職経験を持つ外部の顧問紹介サービスを使う企業が増えています。ターゲット業界や企業に人脈を持つ顧問が見つかれば、

4-1 初回面談の機会獲得法

【新規顧客開拓】

テレアポ
- 架電対象企業リストを基に電話
- イベントやセミナー参加者のフォロー

人的ネットワークの活用
- 経営陣の人的ネットワーク
- 外部顧問紹介サービスの利用

【既存顧客内での新規案件発掘】

顧客とのエレベータートークから
- エレベータに居合わせている位の短い時間での顧客とのトークから、顧客の困り事や関心事をキャッチし、面談の機会をもらう

顧客の満足度評価から
- 顧客からベンダー側に対して満足度評価をしてもらうプロセスを作る
- そこでの要望から次の案件機会の糸口を発掘する

ピンポイントで目標企業とのアポをとることができます。

【既存顧客内での新規案件発掘の場合】

● 顧客とのエレベータートークから

　既存顧客であれば、いわゆるエレベータートークのように、顧客と接触するちょっとした機会をとらえる方法です。もちろんエレベーターの中に限らず、休憩中での立ち話や、飲食の場でもかまいません。顧客の困り事やニーズをキャッチし、それに関して別の場できちんと提案をさせてもらう機会を得る努力も必要です。

● 顧客の満足度評価から

　顧客から日ごろの提案や導入活動に対する満足度評価や改善要望をもらう仕組みを作り、そこから次の案件機会の糸口を発掘する方法もあります。

　ここでフォーカスするのは、顧客が満足していることではなく、不

満足を感じている点です。確かに顧客満足度が高ければ、事例になってもらうなど広告やPRに活用できます。しかし、既存顧客内で次の案件機会を発掘するという観点では、積極的に顧客の不満足、困りごと、要望などを聞くことが効果的です。

コツは会社対会社の公式プロセスとし、顧客の役職者からこちらの役職者へのフォーマルな要請としてもらうことです。そうすると、顧客側の担当者はここで取り上げられたベンダーに対する課題や要望などを無視できず、改善策が取られることを確認し、上層部に報告しないといけなくなります。そのため、営業としては利用しやすいメリットがあります。

▶ 初回面談前の準備法

顧客とのアポイントメントがとれたら、面談の準備をします（**図表4－2**参照）。この準備段階での主なアウトプットは、顧客企業の概要などの基本情報と、POLO法で作成した想定ベースでの顧客の課題を含むロジックツリーです。第3章でこれらを作成するためにどういう情報を収集して分析するかについて方法を説明しましたので、詳しくはそちらを参照してください。

ここでは**図表4－2**のアウトプットについて説明します。

【顧客の課題に関するロジックツリー】

一般的には自分が作成したPOLO法のロジックツリーをそのまま顧客に見せるのがお勧めです。パワーポイントやEXCELなどで作成したロジックツリーを印刷して面談の場に持参できるようにします。

【顧客基本情報】

顧客基本情報は会社概要など、顧客について知っておくべきベーシックな情報です。他の営業パーソンとも共有できるように、情報共用フォルダーに保管しておき、担当が代わっても引き継ぎしやすくしておきます。グループウェアの共用フォルダーやクラウドでのストレージ・サービスなどを使って簡単にできます。

4-2 顧客との初回面談前の準備

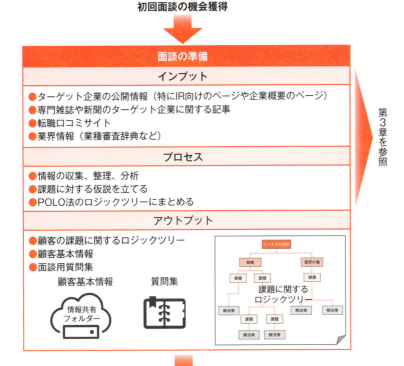

【質問集】

　POLO法のロジックツリーをそのまま顧客に見せる場合は質問集を用意する必要は基本的にありません。ただ、例えば顧客についての情報収集や分析中に湧いてきた疑問で、どうしても質問したいといった事柄があれば、備忘録的に用意するとよいでしょう。

　ほかに質問集を用意するケースは、シンプルなロジックツリーしか作れなかった場合です。わざわざ顧客に見せる必要がないので、代わりに、ロジックツリーを基に作った質問集を用意します。POLO法のロジックツリーに基づく質問集作成の例は図表4－3を参照してください。作成したロジックツリーから、以下のような4種類の質問集を作るとよいでしょう。

4-3 POLO法のロジックツリーに基づく質問集作成の例

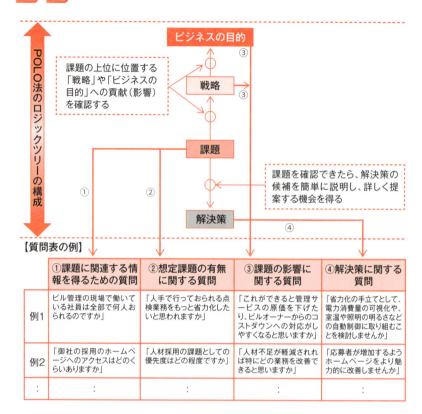

❶ 想定課題に関連する情報を得るための質問

　例えば、想定した課題に関する質問として、現在はどのようなやり方で、どのくらいの人数で、どのくらいの頻度で行っているかなど。

❷ 想定課題の有無に関する質問

　想定した課題は正しいのか、それとも的外れなのか、正しい場合、すでに解決に向けたアクションがとられているのかなど。

❸ 想定課題の影響に関する質問

　想定した課題が正しい場合、それはどの程度、顧客のビジネスの成長や業務効率向上に影響があるのか、また、どのくらい多くの人が影

響を受けるのかなど。
❹ 想定課題の解決策に関する質問
　　解決策はすでに検討されているのか、まだの場合、顧客の解決策に関する興味はどの程度かなど。

通常、質問したい項目の数が多くなるので、そのリストを顧客に見せるとうんざりされる恐れがあります。そのため、この作成した質問票は自分の備忘録として使い、顧客には見せない方が良いでしょう。

初回面談の実施法

▶ 初回面談で期待するアウトプットとは

初回面談の準備を経て、いよいよ実施となります。その実施プロセスが**図表４−４**ですが、まず初回面談の結果として得るべきアウトプットを確認しましょう。

- ● 課題についての顧客との合意

　　顧客が課題を認識しなければ、何を提案しても、顧客に押し売り感を抱かせてしまいます。魔法の営業トークのようなものはありません。課題について合意してもらうことが最も大切であり、そうすれば営業パーソンからその課題に関する解決策を聞いてみようと思ってもらえます。

　　また、どういう課題なのかだけでなく、なぜ顧客はその課題に対して行動を起こさざるを得ないのかの理由も知ることが大切です。それがはっきりしない場合、課題に対してアクションがとられるかどうか定かではなく、営業の視点からは、筋の良い課題とは言えません。逆に、それが明確であれば、案件化できる確度が高いと言えます。

　　さらに、課題が多い場合は、どの課題の優先度が高いのかについても情報を得る必要があります。

- ● 解決策提案のための予定

　　通常、初回面談の時間は限られており、また面談中に得られた情報を基に、しっかり良い提案を考える必要も出てくるので、場を改めて提案内容を説明させてもらうことを顧客に承諾してもらいます。

4-4 顧客との初回面談の実施

```
                    初回面談の準備
                         ↓
┌─────────────────────────────────────────────┐
│              面談の実施                      │
│ ┌─────────────────────────────────────────┐ │
│ │    インプット（初回面談の準備のアウトプット）   │ │
│ │ ● 顧客の課題に関するロジックツリー              │ │
│ │ ● 顧客基本情報                                │ │
│ │ ● 面談用質問集                                │ │
│ │    顧客基本情報   質問集   課題に関する         │ │
│ │   （情報共有              ロジックツリー       │ │
│ │    フォルダー）                              │ │
│ ├─────────────────────────────────────────┤ │
│ │                プロセス                    │ │
│ │ ● ラポールの形成                              │ │
│ │ ● 顧客との会話を通じて課題に関する仮説の検証   │ │
│ │   - POLO法のロジックツリーやそれに基づく質問集を│ │
│ │     利用                                    │ │
│ │ ● 優先度の高い課題の確認                      │ │
│ ├─────────────────────────────────────────┤ │
│ │               アウトプット                  │ │
│ │ ● 優先度の高い課題とその行動を起こさざるを得ない理由│
│ │ ● BANT*条件に関する情報                      │ │
│ │ ● 次回面談を持つことの顧客からの了承          │ │
│ │ ● 他にも質問できる人の紹介                    │ │
│ └─────────────────────────────────────────┘ │
└─────────────────────────────────────────────┘
                         ↓
                   次回面談の準備
```

注)＊： BANTとは、Budget(予算感)、Authority(決済者)、Needs(必要性)、Timeframe(導入時期)

　できるだけ解決策提案の日時も面談中に決めましょう。この段階では顧客は提案を聞いてみるだけで、買うか買わないかは未だ決めていないと思っていますが、提案をさせてもらえる機会を得るだけで十分です。こちらから積極的に仕掛けた結果、顧客に提案をする機会を獲得できることは大きな前進です。

● BANT条件

　顧客内で、すでに課題に対して取り組むためのプロジェクトが検討

されている、あるいは始まっている場合は、BANT条件（Budget：予算感、Authority：決済者、Needs：必要性、Timeframe：導入時期）に関する情報を得るようにします。

まだプロジェクト化の初期段階で、予算や時期などがまだ固まっていない場合は、わかる範囲で情報を得て、その後の営業ステップ２以降でも引き続き、より確実な情報を得るようにします。

- 他にも課題について質問できる人の紹介

面談してくれた顧客と課題について話している際、一部はその顧客の業務範囲外で、それについてはわからないと言われることはよくあります。その場合は、他にも質問できる人を紹介してもらいます。

▶ 初回面談で乗り越えるべき壁

営業活動全体を俯瞰してみると、初回面談から始まり、解決策の提案、契約、契約後までを通して、以下のような「不」の壁を営業パーソンは乗り越えていく必要があります（図表４－５参照）。

- 営業ステップ１（発掘中）：不安の壁

初回面談においては、顧客の持つ「この営業パーソン、この会社は信頼できるのか？取引してもよいのか？」、「何か不要なモノを押し付けられるのではないか？」といった不安のため、営業ステップ２の提案活動に進めない

- 営業ステップ２（要提案、提案中）：不要の壁

課題解決が本当に必要なのかが顧客内で合意されず、プロジェクト化しないため、案件化しない

- 営業ステップ３（最終提案）：不適の壁

提案する解決法が顧客の予算やスキル、あるいは時間的な制約に合わないものでは、「これは当社には合わないね」と顧客に受け入れてもらえない

- 営業ステップ４（契約）：不急の壁

商談が順調に進んでいたように思えたにもかかわらず、営業ステップ４になって、購買の最終意思決定の責任に対する不安が増し、顧客が「今、契約しないといけないのか」、「来年、再度検討してもよいのではないか」などと契約に進めない

4-5 初回面談で乗り越えるべき壁と期待されるアウトプット

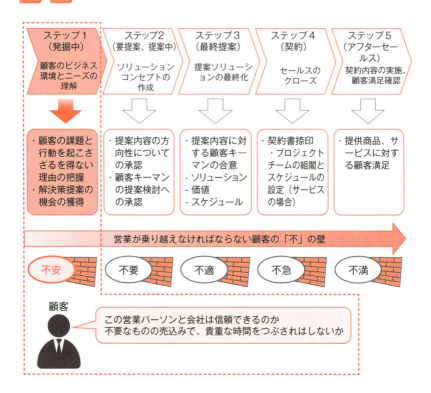

● 営業ステップ5（アフターセールス）：不満の壁

顧客にとっては、契約の後が本番で、購入した商品やサービスを社内に導入し使用の定着化を図るなど、しっかり活用して、結果を出さねばならない。ところが、営業パーソンの中には、営業ステップ4で契約をもらうと、もうその顧客には目を向けず、別の案件に注力し始め、きちんと支援しないため、顧客が不満に感じてしまう

多くの営業パーソンにとって、初回面談の営業ステップ1「不安の壁」をどう乗り越えるかが大きな課題だと思います。というのも他の営業ステップは従来の顧客からの問い合わせを起点とする営業方法でも日常的に行われており、顧客の壁を乗り越える工夫がされているからです。

▶ 初回面談に対する顧客の「不安」

初回面談で期待されるアウトプットを獲得するためには、顧客が初回面談で抱く不安をできるだけ解消する必要がありますが、顧客の不安には大きく次の2つがあります。

不安1：この営業パーソンと会社は信用できるのか？

せっかく事前にPOLO法による事前準備をしていっても、顧客から信頼を得られなければ、顧客の課題に関する会話は弾まず、顧客の会社や業務に関する情報を得るのも難しくなります。ただし、信頼してもらうことは面談を進めるための必要条件ではあっても、十分条件ではありません。やはり顧客との会話の中身がよくなければ、初回面談で期待されるアウトプットは得られません。

不安2：時間の無駄になるのでは？

顧客は営業パーソンに会う際、忙しいのに要らないものを押し付けられ、時間の無駄になってしまうのではないかと不安になります。「どうしても会って欲しいというので会ったが、興味の無い話だった」、「時間のある時に、商品のホームページを読めばわかるような話だった」などとがっかりさせない必要があります。

図表4-6のように、不安1を乗り越えるには、顧客から信頼を得るための方策が必要です。これを乗り越えないと、せっかくの初回面談を行う機会を得ても、会話が盛り上がらず、目的を達するのが難しくなります。

「私は人が好きで、相手を不快にさせないマナーやコミュニケーション力には自信があります」と言う人も、客観的にみると改善点がいっぱい出てくるということは、営業研修などでよく経験します。そのため、具体的に何に気を付けて、どうすれば改善できるのかを後程、詳しく説明します。

また、不安2を乗り越えるための方策ですが、顧客に付加価値を提供することが大事です。顧客視点で課題を想定したものをベースに面談を行うPOLO法はまさにこのための手法です。こちらについても面談前に準備したPOLO法のロジックをどのように面談で活用するのかを後程、詳しく説明します。

4-6 「不安の壁」を乗り越える

不安1：この営業パーソンと会社は信用できるのか？

↓ 対策

顧客から見て次のように見えるようにする
- ビジネスマナーを守っている
- 外見や姿勢、表情、声のトーンなどで不快感を与えない
- あいづちや質問などが適切で、こちらの話しを傾聴している

不安2：要らないものを押し付けられ時間の無駄になるのでは？

↓ 対策

面談の中で次のように思ってもらえる付加価値を提供する
- より業務を改善できそうだ
- 仕事に役立つ情報を得られる
- 知らないことが聞けるので得だ

POLO法の活用

↓

上記が満されると、面談に対する満足度が上がる

● 顧客の信用を得るための方法

　事前にPOLO法に基づいた情報収集・分析をしっかりと行い、課題に関するロジックツリーを作成したので、顧客と実りある初回面談ができると期待するのは当然のことと思います。ところが、いざ会ってみると、なぜか顧客はこちらの質問に答えてくれず困惑してしまう、あるいは会話が弾まず、気まずい雰囲気になってしまうこともあります。

こうなってしまうのは、多くの場合、顧客が営業パーソンに対して拒否感を持ってしまっているのが原因です。誰しもそうですが、人は、相手がいけ好かない、信用できない、受け入れられないと感じると、その人と何も話したくなくなってしまいます。すなわち顧客との人間関係の基本的な部分がシックリいっていないことが原因かもしれません。こうなってしまうとPOLO法に基づいて会話をする以前のところでストップしていまいます。

営業パーソンはできるだけ早く営業に直結する話に入りたい気持ちを誰しも持っていると思います。しかし、面談の最初はそれをグッと抑えて、顧客に好印象を与え、ラポール（信頼関係）を形成することにフォーカスします。たとえば以下の事柄を実行し、信頼できる相手と認識してもらえることに努めます。

- ビジネスマナーを守る（例えば、約束の時間に訪れる、ミーティングの終わりの時間を守るなど）
- 言葉以外（外見や姿勢、表情など）の部分で不快感を与えない
- 言語（あいづちや質問など）の部分が適切で顧客の話したいという気持の腰を折らない

「これらはできて当たり前だよ、私はできている」と思う営業パーソンは多いと思いますが、実際に完璧にできる人は少ないように思います。知っているということと、実践できるということの間には大きなギャップがあります。私自身、顧客とラポールを形成したり、顧客の話を傾聴したりするスキルをもっと改善しないといけないと思ったことがありました。そのためキャリコンサルタント養成講座を受講し、傾聴のスキルを向上させて、資格もとりました。その関係で私は研修で初回面談でのラポール形成に関するロールプレイング演習を10分から15分で行うことがあります。二人一組で行ってもらい、ビデオ撮影したものを再生しながら改善のためのコメントを講師としてします。程度の差こそあれ、必ず何かしらの改善が必要な点が見つかります。コミュニケーションスキルの向上は誰にとっても永遠の課題だと思いますので、ここから初回面談で顧客から信頼を得るためのポイントを説明します。

● 信頼を得るためには、第一印象が非常に大切

　印象の与え方について参考になるのはメラビアンの法則です。この法則はよく誤解され、「話す内容より、人は見た目が大事という法則ですよね」と言う人が多くいますが、本来はそういう法則ではありません。

　メラビアンが行った実験は、相手からの言語と聴覚、そして視覚の情報の間に矛盾があったとき、受け手はどのようにそれを受け止めるかを調べたものです。相手が受ける印象の割合は、図表４－７の円グラフを参照してください。このグラフは、言葉の内容の情報よりも、視覚や聴覚からの情報が９割以上の重みがあることを示しています。

　言語と聴覚、視覚の３つの要素が調和すれば、相手にこちらの思いを一番伝えやすくなります。しかしながら、矛盾が生じた場合は円グラフに示されているように、影響の強い要素から優先的に印象として受け取られます。例えば極端な例ですが、顧客が自社の業績が伸びずに苦しい状況であることを話したとき、営業パーソンが笑顔で「それは本当に大変ですね」と明るい声で言ったとします。顧客にこちらが共感していることを伝えたいのに、表情、声が言葉と矛盾しています。この場合、顧客は言葉の内容（「それは本当に大変ですね」）よりも、表情と声を優先して受け取ってしまい、自分の話に共感してくれないと不快感を抱くでしょう。このように、相手に与えたい印象をしっかり意識し、見た目や声の調子、話す内容をそれに一致させることが大切です。

　良い印象は大切ですが、第一印象はとりわけ重要です。というのは、第一印象を変えるのは難しいからです。最初に悪い印象を持たれてしまい、後でそれを払拭しようと頑張ってもなかなか挽回できず苦労した経験はないでしょうか？逆に、第一印象が良ければ、ずっとその印象が残り、後で顧客への対応で不十分なことがあっても、今日は調子が悪いのかと思ってくれさえします。

　第一印象が決まる時間はほんの数秒です。顧客は最初にぱっと目に入る営業パーソンの服装や姿勢、表情などの外見、あるいは声と話の内容などで印象を決めます。先に述べたように、言語と聴覚、視覚の３つの要素の全部が整合性を保って良い第一印象を与えられるよう心掛けることが極めて重要です。

　ところが、第一印象の大切さを知っている営業パーソンでも、実際には

4-7 第一印象が大切

- ●良い第一印象を与えることが非常に大切
  - ■人は会った瞬間、瞬時に相手の人物像を作り上げてしまう
  - ■良い印象を持たれると後が楽
  - ■逆に悪い印象を持たれると挽回するのが大変
- ●コミュニケーションの種類
  - ■言語的コミュニケーション：言葉の内容
  - ■非言語的コミュニケーション：表情や姿勢、しぐさ、身なりなど

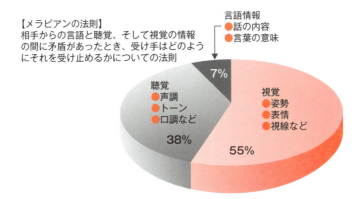

うまくできない人を多く見かけます。例えば、ずっと猫背になっていて覇気が感じられない、笑顔を作ろうとしているが、緊張のためか目つきが怖く、そのせいで顧客もリラックスできないといった人がいます。また、本人は気がついていないけれども、あいづちが「えー、えー」ばかりで、単調な感じがして、顧客の話を真剣に聞いている感じがしないという場合もあります。

ここから、非言語表現（視覚、聴覚）と言語表現のそれぞれについて、良いコミュニケーションのポイントを説明します。まずは非言語表現（視覚、聴覚）からです。

▶ 非言語コミュニケーション力の強化法

顧客は営業パーソンと会話をそれほどしなくとも、初対面でのごく短時

間で最初のイメージを決めてしまいます。好感を持ってもらえれば一番ですが、少なくとも悪いイメージは持たれないようにしたいものです。容姿端麗でも第一印象の悪い人はいますし、逆にそうではなくとも感じの良い人がいます。

　言葉以外のコミュニケーションの内、服装や身だしなみ、姿勢、声の調子、表情、視線についてポイントを説明します（**図表４－８**参照）。参考になる点があれば、ぜひ、日々の仕事に取り入れてください。

【服装、身だしなみ】

　相手に不快感を与えず、清潔感の漂うような身なりを整える必要があります。しわのよったシャツや手入れのされていない革靴、あるいはサイズの合っていないスーツなどは、たとえ高額のものを身に着けても印象を悪くします。顧客に不快感を与える要素はないか、チェックしましょう。逆に値段は高くなくとも手入れがされ、パリッとしていれば良い印象を与えることができます。

　ヘアスタイルやヘアカラー、メイク、爪、ひげ、体臭などのみだしなみも不快感を与える原因になりかねません。アクセサリーや時計などの装飾品も、けばけばしい、大きすぎるなど、ビジネスの場には合わないものは避けた方がよいでしょう。趣味嗜好の領域は、自分のこだわりもあったりしてなかなか判断が難しいかもしれません。率直な意見を言ってくれそうな人にどういう感じを受けるか聞いてみてもよいでしょう。

【姿勢】

　姿勢が良く、すっきりして見えると、なんとなく信頼できるきちんとした人ではないかと思われます。私は研修で初回面談のロールプレイング演習を行うことがありますが、背中がまるまっている人が多いように思います。受講生の中には意図的に猫背になって、斜め下から顧客役の人を見上げるような姿勢で話す人がいました。その人は、この方が敬っている感じが出るので、良かれと思ってやっているとのこと。しかし、顧客役の人からは、弱々しい、卑屈な感じがするなど、厳しいコメントが出ました。やはり、立ち姿も座り姿も背筋を伸ばし、きちんとした感じを出す方がよいでしょう。

4-8 傾聴のための非言語的コミュニケーション

【服装、身だしなみ】

あるべき状態	悪い例
相手に不快感を与えず、清潔感の漂う身なり	服装がだらしない、あるいはサイズが合っていない
	ヘアスタイルやヘアカラー、メイク、爪、ひげ、体臭などのみだしなみが不快感を与える
	アクセサリーや時計がけばけばしい、大きすぎる

【姿勢】

あるべき状態	悪い例
姿勢が良く、すっきりして見える	背中がまるまっていて弱々しい、あるいは卑屈な感じがする
	ふんぞりかえっていて横柄な印象を与える

【声の調子】

あるべき状態	悪い例
声のトーンや大きさ、話すスピードは適切	ぼそぼそ話して、聞き取りにくい
	声が大きすぎる。
	早口すぎて何を言っているかわからない。

【表情】

あるべき状態	悪い例
笑顔ができる。話の内容に合わせて、驚いた顔や心配を共感している表情などに変えられる	表情がほとんど変わらない
	緊張のため不安そうである、あるいは表情が怖い

【視線】

あるべき状態	悪い例
アイコンタクトが適切	視線をあまり合わせない
	ぶしつけに視線を投げかける

【声の調子】

　声のトーンや大きさ、話すスピードは相手や状況に合うよう調整しましょう。例えば、顧客の話すスピードにこちらもスピードを合わせる、話の内容が明るいものであればアップテンポで、暗い内容、重要な内容であればゆっくり話すことを意識しましょう。

またどんな時でも良くないのは、ぼそぼそと話す（顧客が聞き取りにくい）、声が大きすぎる（顧客が不快に感じる）、早口すぎる（何を言っているかわからない）ことです。

【表情】
良い第一印象を与えるにはやはり笑顔です。営業パーソンでも笑顔が苦手という人もいますが、そういう人は口角を上げる練習をした方がよいでしょう。

また何かいつもニコニコとしていないといけないという間違った思い込みをして、顧客が心配事や大事な話をしているのに、ずっと微笑んでいて不快感や不信感を与えてしまう人もいます。やはり相手の話の内容に合わせて、喜んだ顔、驚いた顔、心配を共感している顔など、表情を変えられる必要があります。そうすれば話し手も相手は共感を持って聴いてくれていると感じ、さらに話してくれます。

他には、緊張して表情が怖くなってしまう人がいます。その緊張が顧客にも伝染し、せっかくの課題発見・整理のための会話がしにくくなってしまいます。誰でも、初対面の人や役職の高い人に会うときは緊張しがちです。緊張しないようにと言っても効果は薄いと思いますので、内心はどうであれ、それを顔に出さず、その場の状況に合った表情ができるように努力する必要があると思います。

【視線】
言葉に出さなくても、目の表情でこちらが共感をしていることを顧客に伝えることができますし、言葉ではごまかそうとしても、目に本心が表れてしまいます。やはり、適切に顧客とアイコンタクトをとることは重要です。

中には顧客に視線をあまり向けず、他の方向に視線を向けている時間の方が長い人もいます。顧客から見ると、営業パーソンが次に何を質問しようかとか、どうやって提案の芽を見いだそうかと思案するのに忙しいように見え、自分の話をよく聞いていないのではないかと不信感を持ってしまいます。

なお、視線を合わせるといっても、見つめすぎは相手にぶしつけな感じや威圧感を与えてしまいます。時々相手の目を見て、あとは目の周りを見

るくらいが適切です。

● 言葉コミュニケーション力の強化方法

顧客が最初に抱く第一印象は、やはり姿勢や表情、声の調子、服装など、非言語の要素に大きく左右されます。しかし、その後、面談が始まると、言葉によるコミュニケーションも印象に大きな影響を与えます。

最初に抱いた外見的な印象は良かったのに、話してみると不信感を持ったり、極端な場合、嫌悪感すら湧いてきたりすることもあります。その逆もしかりで、見た目は良い印象を持たなかったが、よく話してみると好感の持てる人物だと評価が変わったということは、誰しも経験したことがあると思います。

言語表現がうまくできると、相手にきちんと話を聴いていますよという印象を与え、相手が話しやすくなる効果があります。ここでは、言語表現のうち、あいづち、伝え返し、要約、質問について、うまく行うためのポイントを説明します（**図表4－9**参照）。

【あいづち】

あいづちは、「ええ」、「はい」、「そうなんですね」、「それで」などの言葉を使い、相手が話をするのを励ますことです。何も言わずに相手の話を聞いていると、自分の心の中では傾聴しているつもりでも、話し手はよく聞いてくれているのか不安になります。したがってきちんとあいづちを打って、聞いていることを相手に伝えましょう。

また、「ええ」、「ええ」などと、ずっと同じあいづちの言葉ばかり使っていると、単調な感じになってしまい、面談が退屈な感じになってしまう恐れがあります。複数のあいづちの言葉、例えば、「はい」、「なるほど」、「ええ」、「へえ」、「そうですね」などの中から、自分が使いやすいものを3つ4つ選び、それを使い回して変化をつけるようにするとよいでしょう。

【伝え返し】

伝え返しというのは、相手の話の中のキーワードや、最後の発言の中から大切と思われる言葉を取り出して、簡単に繰り返す方法です。例をみていただいた方がわかりやすいと思います。

4-9 傾聴のための言語的コミュニケーション

【あいづち、伝え返し、要約】

あるべき状態	悪い例
あいづちや伝え返し、要約を適切に行うことで、話を促し、相手が、どんどん話したくなる （注）伝え返し：話し手の発した言葉を引用して伝え返すことを「伝え返し」と呼ぶ。特に相手の話のポイントや気持ちが入っている言葉を捉えて使うことによって、相手に対し、こちらが傾聴、共感していることを伝えることができる	あいづちをほとんど打たない、あるいは「え～え～」ばかりであいづちのバリエーションがなく、単調でつまらない
	顧客の話の中のキーワードを伝え返さない。顧客は大切だと思って話しているのに、営業が気づいて聞いているのかわからないので、営業パーソンに対して不満を持つ
	顧客の話が長く、とりとめがなく混乱してきても、要約せずに、そのままにしている

【質問】

あるべき状態	悪い例
適切な質問をすることで、顧客の話を傾聴し、理解していることを顧客に伝えられる。また、顧客が色々な出来事や感情を自発的に話してくれるようになる	こちらの商材を売りたいというスタンスでの質問ばかりで、顧客の話をよく聴くための質問ができない
ネガティブな話ばかりが続く場合、新しい局面を拓くような質問をし、有意義な会話に変えることができる	勝手にわかったつもりになって、ほとんど質問をせず、さっさと会話を前に進めてしまう
質問の形を借りて、顧客への押し付けをするのではなく、会話の方向性に影響を与えることができる	唐突な質問が少なくなく、顧客からすると、なぜこんな質問をするのかと不審に思う
	口数の少ない顧客に相対したとき、もっと話してもらいたいと、テレビのレポーターのように質問を矢継ぎ早に繰り出したり、答えをせかすような言動をする

顧客 「このプロジェクトは当社の最重要戦略プロジェクトです」
営業パーソン 「最重要戦略プロジェクト・・・」
顧客 「ええ。関係部署から参加する代表者を今、集めています」

というように、相手の話の中で大切だと思われるワード（この場合、「最重要戦略プロジェクト」）を繰り返すことで、共感を持って聴いていますということを相手に印象付けることができます。話し手の言葉全体をオ

ウムのように繰り返す人もいますが、これだと会話のテンポを悪くする恐れがあるので、この例のように、単語レベルで大切だと思われるワードを短く伝え返すとよいでしょう。

　また、話し相手の価値観や思いが伺い知れるような言葉に気づいて、しっかりそれを拾えると、傾聴していますよという感じを強めることができます。

　　顧客　「私が貧乏くじを引いて、そのプロジェクトリーダーになったのです」
　　営業パーソン　「貧乏くじ？　まさか！　おめでとうございます」

　この会話で、顧客が笑いながら「貧乏くじを引いた」と言ったとすると、プロジェクトリーダーに任命されたことが、言葉とは裏腹に、まんざらでもない、あるいは内心喜んでいることが伺い知れます。このように話し手の言葉に対する感受性を持ち、さらにそれを話し手に伝えられるかどうかが、傾聴力の差になります。内心気づいても、黙っていては相手に共感しながら傾聴していることを伝えられません。

　この例の場合、最重要戦略プロジェクトとそのリーダーに任命されたことが、顧客にとってどういう意味があるのかをさらに質問してみて、顧客の価値観や考え方を知るチャンスとして活かすとよいでしょう。

【要約】
　要約とは、その名のとおり、相手の考えや感情を短く、正確にまとめることです。例えば、顧客の話がとりとめなく混乱してきたとき、「少しお話を整理させていただいてもよろしいですか」と言って要約すると効果的です。要約は、話を整理するだけでなく、適切に要約できれば相手にしっかりと聞いていることを伝えることができます。また、会話の途中で気まずい沈黙が訪れた場合も、要約をして、その後に「他に何かあるでしょうか？」などと質問したり、要約をして時間を稼ぎながら、その間に次の質問を考えたりして、沈黙を乗り越えやすくなります。

　このように要約はなかなか役に立つので、使うのに苦手意識のある人は、要約を使えるようになるように意識的に仕事やプライベートでの会話

に取り入れ、練習するとよいでしょう。

【質問】
質問力を強化すると、コミュニケーション力がグンとアップし、次の5つの効果が期待できます。

- 効果1：ラポール（信頼関係）を形成しやすくなる
  趣味や自慢できる事、珍しい体験、苦労した事など、相手が話したがるような事柄について質問することで、距離を縮めることができます。例えば、「○○様は△△に関して社内のナンバーワンとのことですが、どうやって腕を磨かれたのですか？」といった質問です。
- 効果2：情報収集ができる
  これは質問の基本的な働きです。例えば、「戦略実現のためには○○の変革が必要とのことですが、現状の主な問題は何だと思われていますか？」といった質問です。いつ（When）、どこで（Where）、だれが（Who）、なにを（What）、なぜ（Why）、どのように（How）といった、いわゆる5W1Hに関する質問をすることで、問題の状況や原因、影響などを聞くことができます。
- 効果3：確認ができる
  顧客の話が省略されている、あいまいである、抽象的でよくわからない、あるいは込み入った話で正しく理解できているか自信がないなどと思う場合は、「○○が△△の原因ということですね」とか「たくさん教えていただきありがとうございます。ここまでのお話を要約しますと、□□　という理解でよろしいでしょうか？」といった質問をすることで、確認をすることができます。
- 効果4：会話方向性を転換できる
  顧客が売り上げの低下や競争の激化、業務効率の悪さなど、悩みや困りごとについて延々と話されることがあります。初めは共感していることを示そうと、あいづちや伝え返しをしながら一生懸命聞いていても、せっかく取れた短い面談の時間がそれで終わってしまいそうになり、焦ることがあります。ネガティブな話をひたすら拝聴しているだけでは、いくら聞いても、「そうなのですね、それは大変ですね」

で終わってしまいかねません。

　このような場合、ある程度、嘆きを聞いて共感を示した後、課題解決志向の会話に転換するような質問をすることが必要です。例えば、「今、大きな問題を抱えておられるのですね。では、例えば3年後の事業部の姿はどのようになっていてほしいとお考えですか？」、「本来は、どうあるべきとお思いですか？」というような質問を行って、課題解決志向の会話に転換し、双方にとってより実のある面談にします。

● 効果5：顧客に影響を与えられる

　顧客の困りごとに対して、掘り下げる質問をすることで、案件機会に結び付くような会話に進むことができます。例えば、「このままの状態が続くとどうなると思われますか？」、「その問題の原因は○○であるという可能性についてはどう思われますか？」といった質問です。

　こちらの意見を押し付けない姿勢を維持するために、質問の形式をとって、会話の流れに影響を与えることがコツです。上の例の場合、「このままの状態が続くと大変なことになりますね」、「その問題の原因は○○ですよね」と自分の考えをストレートに言ってしまいがちです。しかし、そうすると相手は意見を押し付けられたと反発するかもしれません。ちょっとした差ですが、こちらからはニュートラルな形の質問を投げかけ、相手に考えたことを言ってもらう形式にする方が、より自然に顧客に影響を与えることができます。顧客は自分の発言なので、それを守ろうとし、こちらから一生懸命に説得する必要が減ります。

▶ 好意的関心を持つことは必須

　顧客からの信頼を得るために、非言語および言語のコミュニケーション技法をここまで説明してきましたが、テクニック以前に大切なのは、顧客に対して好意的関心を持つことが大事です。せっかくテクニックを覚えても、肝心なものが抜けていては「仏作って魂入れず」で、その努力は無駄になってしまいます。

　好意的関心とは、相手を大切に思って、肯定的に相手をとらえるということです。

　口角を上げて笑顔を作る練習をするとか、質問の種類を覚えるなど、コ

ミュニケーション技法を習っても、好意的関心を持てなければ、心がこもらず不自然になってしまいます。逆に好意的関心を持てれば、テクニックを特に意識しないでも自然にできることが多いものです。

では、好意的関心を持てるようになる秘訣はなんでしょうか？それは相手の会社や仕事の内容についてできるだけ調べ、相手に興味を持つことです。そうすると、「この話の背景は理解できる」とか「この話は事前に調べた顧客の戦略のことだ」、「この顧客の困りごとは、事前に想定した課題と合っている」などと思えるようになります。こうなると自然と顧客の話に傾聴しやすくなり、会話も盛り上がりやすくなります。したがって、顧客との面談前に、POLO法に基づいて顧客の情報を収集・分析し、ロジックツリーを作成することは、課題発見だけでなく、この好意的関心を醸成することにも大いに役立ちます。

▶ 顧客の時間を無駄にしないためには

初回面談で顧客が抱く不安の一つとして、面談が時間の無駄になってしまうのではないかという思いがあると先に述べました。顧客の重要な資源のひとつは時間ですので、顧客の時間に対する気遣いを持つことが重要です。

会社や事業部などの課題についてお話を伺う相手は、経営層やリーダーの人です。一般に役職が上がれば上がる程、時間の使い方にシビアな人が多くなります。そのため、この営業パーソンと会ってみて時間の無駄だったと思われないように特に注意が必要です。

アポイントメントで設定された時間を守ることはもちろんのこと「今、よろしいでしょうか」とか、「今日は○時までお時間をいただいていますが、後ろはギリギリまでで大丈夫でしょうか？」といった質問をして、こちらが顧客の時間を尊重していることを伝えるようにしましょう。

また時間管理だけでなく、内容面でも顧客の時間を無駄にしない必要があります。業務改善に繋がりそうなアイデアや仕事に役立つ情報、顧客の知らない情報などを提供できれば、顧客の面談に対する満足度を上げることができます。

POLO法では、訪問前に仮説ベースで想定した顧客の課題をロジックツリー形式でまとめ、それを面談で顧客に見せます。これにより、顧客に自社や自部門の課題の発見や整理ができるかもしれないという期待を持っ

てもらえます。さらに、営業パーソンが顧客視点で顧客に貢献しようとしている姿勢が伝わり、要らないものを売りつけられるのではないと安心してもらえます。

初回面談でのPOLO法のロジックツリーの活用法

　初回面談では、第一印象を良くすることに集中して挨拶などした後、顧客の役に立つため、顧客の課題を教えてくれるよう依頼します。顧客の時間を無駄にしないために自分なりに課題を想定してきたことを伝え、POLO法のロジックツリーを見せます。というのも、一般的にPOLO法のロジックツリーは複雑になり、それを見せる代わりに口頭での質問だけでカバーしようとするのは難しいからです。

　また、POLO法のロジックツリーを見せると、これは何だと顧客の興味を引きやすく、さらに、こちらが面談の準備をしてきたことが一目瞭然なので、信頼感を得やすくなります。

　POLO法のロジックツリーを説明する際の全般的なキーポイントは以下の3つです。

1. ロジックツリーを説明する目的は、仮説ベースで作成したものの正誤を確認することではなく、説明をきっかけとして、顧客との課題に関する会話を活性化させること
2. 「顧客のために良い提案ができるよう質問する」という意識を持ち、質問することを遠慮しない
3. 顧客の困りごとやニーズに関する発言には特に注意し、顧客の話が抽象的でよくわからない場合は、自分が理解できたと思えるまで質問をする

　POLO法のロジックツリーを説明するための具体的な順番は以下の通りです（**図表4－10**参照）。

❶ POLO法のロジックツリーの顧客にとってのメリットを説明
　「何かお役に立てることがないかと、お客様の課題を自分でもでき

るだけ考えてきました。お客様の時間を無駄にしないためにも、これを参照しながらお客様の課題の確認をさせていただければと思います」という趣旨のことを言って、顧客にロジックツリーを見てもらいます。

❷ ロジックツリーの見方を説明

　POLO法のロジックツリーの見方を説明します。初回面談の時間は一般に短いですから、簡単に、上から下に向かって、「ビジネスの目標」、「戦略」、「課題」、「解決策」へと展開されていると説明するだけでよいでしょう。

❸ 「ビジネスの目標」および「戦略」を説明

　第3章のPOLO法のロジックツリーの作成法で説明したように、顧客の「ビジネスの目標」や「戦略」を調べるのには、顧客企業のホームページを筆頭にさまざまな情報ソースがあります。何を参照して顧客の「ビジネスの目標」と「戦略」に関する情報を得たのかを説明します。

　自分の調べた結果が合っているかどうかを確認するのが重要なのではなく、顧客に訂正や追加してもらって会話を活性化することが大切です。例えば、次のような質問を顧客にします。

【「ビジネスの目標」関連の質問の例】
- 「他に重要な目標はありますか？」
- 「例えば、3年後に何億円の売上を達成するといった目標はありますか？」、「3年から5年先に、こんな会社にしたい、こういう業態にしたい、という夢や構想がありますか？」

【「戦略」関連の質問の例】
- 「貴社を取り巻く外部の環境で、脅威は何だと思われますか？」
- 「貴社を取り巻く外部の環境で、ビジネスチャンスは何だと捉えておられますか？」

❹ 「課題」を説明

　どのようにして課題を想定したかを説明します。通常、顧客の課題

3-10 POLO法のロジックツリーの説明の順番

① POLO法のロジックツリーの顧客にとってのメリットを説明
② ロジックツリーの構造(「ビジネスの目標」→「戦略」→「課題」→「解決策」)を説明
③ 「ビジネスの目標」および「戦略」の情報をどうやって入手したかを説明
④ 「課題」をどうやって設定したかを説明
⑤ 解決策提案の日時についての打ち合わせ

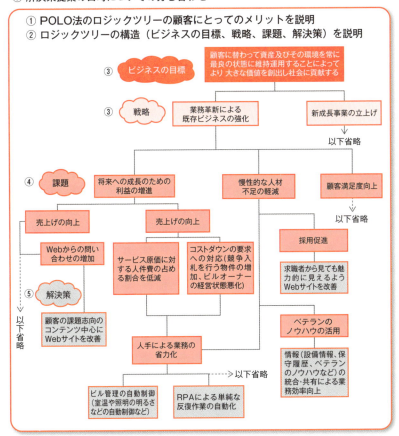

は公にされていないので、こちらが想定した課題が外れていてもあたり前であり、課題に関する気づきを重視します。

私の経験では、顧客も日々の仕事に追われて、意外と中期的な視点で自社や自部門の課題を考えることが少なく、面談を課題の発見や整理の機会として捉え、前向きに対応してくださる顧客が多いと思いま

す。以下は課題に関する会話でよく行われる質問の例です。

【「課題」関連の質問の例】
- 「このロジックツリーに抜けている課題はありますか？」
- 「顧客のニーズに十分応えられていると思われますか？」
- 「競争相手に勝っているところはどこだと思いますか？」
- 「自社が競合より遅れていると思われるところはありますか？」
- 「もうこの課題に取り組んでおられるのですか？」
- 「この中で優先度の高い課題はどれでしょうか？」

　顧客と課題の合意をとることは、次の解決策の提案活動につながるため、非常に大事です。その際、課題解決に取り組まざるを得ない理由や、優先度についても聞くようにします。
　また、すでに課題に取り組むことが社内で決まっている場合、そのプロジェクトについてのBANT条件（Budget：予算感、Authority：決済者、Needs：必要性、Timeframe：導入時期）に関する情報をできるだけ入手するように努めます。まだ初期段階であいまいなところがあってもかまいません。後続の営業ステップで引き続きフォローし、より確かな情報で置き換えていけばよいのです。
　また一部の課題について、顧客の職掌範囲外でよくわからないと言われる場合は、そこに関して話せる人を紹介してもらいましょう。

❺ 解決策提案の日時についての打ち合わせ
　課題に対する合意ができたら、解決策を提案したい旨を伝えます。通常、初回面談の時間は短いので、提案をしっかり説明するのは難しいですし、初回面談を通して得た情報を反映して、事前に考えた解決策候補を修正したいと思うこともよくあります。そのため、場を改めて解決策を提案させてもらう日時を初回面談の最後に顧客と打ち合わせるのが一般的です。
　また、提案する内容が良くなるように、自社の商品に関連するような情報もできるだけ得るようにします。以下はその質問の例です。

【「解決策」関連の質問の例】
- 「○○の機器の導入状況はいかがですか？」
- 「○○はいつ導入されたのですか？次の更改時期はいつですか？」
- 「○○のベンダーはどこの会社ですか？」

初回面談の振り返り法とアカウントプランの作成法

▶ 初回面談の振り返りと次回の面談のための準備

顧客との面談が終わった後、下記のように結果を整理して振り返ります。会話の内容を忘れない内にできるだけ早くこれを行います。

- 面談者のプロフィール
  姓名や部署名、役職、ミッション、業務など
- 面談でヒアリングできた事実
  組織や体制、業務プロセス、導入済み製品、納入ベンダーなど
- 確認できた課題
  ▶ 事前に想定し、確認できた課題
  ▶ 想定外だった課題
  ▶ 合意できた課題については、なぜその課題に手をつけないといけないと顧客は思っているのか、その理由
  ▶ すでにプロジェクト化されているのであれば、BANT条件に関して得られた情報
- 確認できなかった事項
  確認できなかった課題については、確認するためのアクションを記述。例えば、今回の面談者の職掌範囲外のため確認できなかった戦略や課題などがあれば、それを確認できる人を紹介してもらうなど。
- 次回の面談予定
  ▶ 今回、確認できた課題については、解決策を提案するスケジュール
  ▶ 今回の面談者の業務範囲外のため確認できなかった戦略や課題などがあれば、それを確認できる人との面談予定

図表4－11は振り返りに使うワークシートの例です。

▶ アカウントプラン

　初回面談で課題について合意ができれば、その後、提案活動が始まりますので、今後の自分の閲覧や、営業チーム内での共有、担当の引継ぎなどがしやすくなるようにアカウントプランを作成します。

　アカウントプランとは一言でいうと、ターゲット顧客に対する営業目標とそれを実現するための営業戦略を記したものです。

　営業目標がなければ、目標と実績との差異がわかりません。差異がわからなければ、差異が出た原因を分析できず、差を埋めるための対策も立てられません。目標の持つ力は大きいので、設定した目標に向けて進むことを習慣にする必要があります。

　アカウントプラン作成のための主なインプットは、初回面談の準備のために顧客について情報収集し、分析した結果です。また、その後の顧客に対する提案活動で得られた情報で更新していきます。

　アカウントプランでカバーすべき事柄は**図表４−12**と**４−13**です。この２つの図表の構成でわかるように、顧客の基本情報（**図表４−12**）をベースとして、顧客訪問前に行ったPOLO法によるターゲット顧客の分析結果や、初回面談で得られた結果に基づいた案件機会の要約、営業目標と営業戦略を記述します。

　顧客に関する情報は限られていて、全ての事柄について十分記入することが難しいことはよくあります。顧客との商談が進むにつれて、適宜、情報を更新・追記していけばよいのです。アカウントプランはターゲット顧客についての営業戦略を策定するためのツールというだけでなく、アカウントプランに記入しようとすると、ターゲット顧客についての情報が十分足りているのかどうかが明らかになります。それに気づけるだけでも効果があります。

　筆者が担当した顧客には大企業が多く、中には半世紀以上、顧客であるところもありました。そのような顧客のアカウントプランには、先輩達が作成・更新してきた膨大な情報があり、担当を引き継いだ際に非常に役に立ちました。時には、アカウントプランによる情報蓄積のおかげで、顧客から「当社のことを私よりご存知ですね」と言われたこともあります。

　アカウントプランは営業チームにとって貴重なアセットです。このようにドキュメント化され、共有されていれば、新任の営業パーソンが既存の

4-11 初回面談の振り返り表の例

大項目	中項目	小項目
面談者のプロフィール	姓名	
	ポジション	
	業務内容	
事実のメモ	組織・体制	
	業務プロセス	
	導入済み製品	
	導入された時期	
	導入ベンダー	
	次期更改スケジュール	
確認できた課題	事前に想定したもの	行動を起こさざるを得ない理由
		BANT条件
	想定外だったもの	行動を起こさざるを得ない理由
		BANT条件
確認できなかった事項	確認するためのアクション	
次回の面談	面談相手、日時、場所	
特記事項		

顧客のところに行って、顧客企業や、顧客との過去の取引を知らないために、顧客をガッカリさせるというようなことがなくなります。

　アカウントプランはターゲット顧客につき、ひとつ作成します。ターゲット顧客では同時に複数の案件が発生したり、時間の経過とともに、新たな案件が出てきたりしますが、それぞれの案件の進捗管理は、案件機会プランナーというツールを使います。案件機会プランナーのツールの目的

4-12 アカウントプラン（1／2）

カテゴリー	項目
顧客の基本情報	【顧客企業概要】 ・業界 ・所属業界での位置づけ ・売上、利益、従業員数、主製品・サービス ・年間支出、外部への支出 　（「年間支出」は、当社が販売したい商品・・サービスに関連する顧客の支出額。例えば、IT系の販売企業にとっては、顧客のIT関連の支出額。「外部への支出」は、この年間支出額の内、外部のベンダーへの支出に使う額。） ・創業・設立年 ・経営目標 ・組織体制 ・部門別製品導入状況 ・主な競合企業とその状況
	【これまでのリレーションシップ】 ・これまでの主な取引やプロジェクト ・顧客からのクレームなどのトラブル ・良かったことの特記事項（ユーザー企業の事例になってもらった、顧客から感謝状をもらったなど）
	【組織、体制】 顧客の組織や体制に関する情報を記入（当社が販売したい商品やサービスに関係が強い組織については詳しく記す。例えば、IT系の販売企業の場合、IT部門やユーザー部門、購買部門や経営企画部など）
	【環境】 当社の商品やサービスに関連するものの利用状態を記入（例えば、IT系の販売企業にとっては、顧客のITシステム構成全体を図示し、その中で当社の商品と競合他社の商品の導入されている範囲がそれぞれ分かるようにする）

図表4-13に続く

は案件機会の評価と、成約まで進めるためのアクションを明確にすることです。アカウントプランと案件機会プランナーの関係は**図表4-14**を参照してください。案件機会プランナーは案件機会を発掘できた際に作成しますので、「第5章　ビジネス機会を捉えて案件化する方法」の中で詳しく説明します。

4-13 アカウントプラン（2／2）

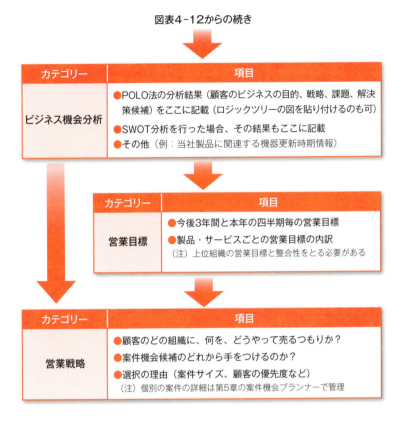

図表4-12からの続き

　図表4-14にある案件進捗度チェックシートは、現在、案件の進捗がどこまで進んでいるのかを知るためのチェックシートです。このチェックシートを参照して、案件機会プランナーで管理する案件がどこまで進んでいるかを確認します。この案件進捗度チェックシートについても第5章で説明します。

4-14 営業戦略と案件攻略戦術の見える化ツール類

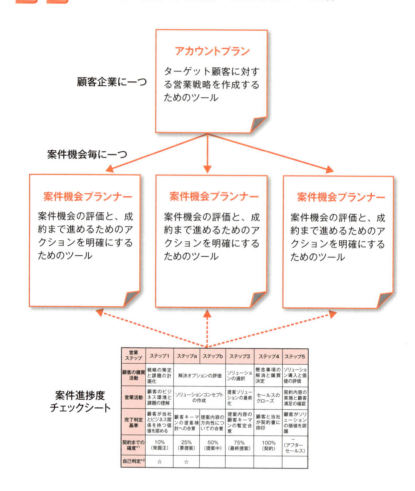

第4章のまとめ

1 課題発見型営業法では初回面談が一番大切
せっかく取れたアポイントメントを活かし、案件機会の発掘の確度を上げる

2 この営業は信用できるのかという顧客の不安の壁を乗り超える
良い第一印象を与えることにフォーカスし、ビジネスマナーと非言語コミュニケーション、言語コミュニケーションに気をつける

3 良い第一印象のために非言語コミュニケーション力を見直す
服装、身だしなみ、姿勢、声の調子、表情、視線(アイコンタクト)など

4 印象を良くし、効果的な会話を実現するために、言語コミュニケーション力を強化する
あいづち、伝え返し、要約、質問など

5 初回面談で得るべきアウトプットは、顧客との課題についての合意と課題に対する解決策提案についての顧客の了承
状況に応じて、さらにBANT条件に関する情報や他にも質問できる人の紹介も

6 準備したPOLO法のロジックツリーを顧客に見せて課題の発見・整理の支援を行う
ただし、あまりにシンプルなロジックツリーしか作れなかったため、顧客にわざわざ見せる必要性がないなどの理由で見せたくない場合、ロジックツリーを元に作った質問集を使う

7 POLO法のロジックツリーは印象を良くするのにも有効
顧客に自社や自部門の課題の発見や整理ができるかもしれないという期待を持ってもらえると共に、こちらが顧客視点で貢献しようとしている姿勢が伝わる

8 課題の名称だけでなく、その課題に対して行動を起こさざるを得ない理由と優先度も聞く

行動を起こさざるを得ない理由が不明確な課題は、営業の視点では筋のよくない課題

ビジネス機会を捉えて**案件化**する方法

第5章

本章では、初回面談で顧客と確認した課題に対して、解決策の提案をする方法を説明します。顧客から、提案した解決策を検討する同意をもらって、初めて営業案件を発掘したと言えます。営業としてのやる気も上がりますね。顧客の方も、「さて、どういう解決策を提案してくれるのか、お手並み拝見」と営業パーソンに対して期待します。

　通常はいきなり詳細提案をする前に、「このような方向性で解決策を提案します」とコンセプトレベルの説明をして顧客の反応をみます。これで顧客の要望に沿っているのかどうかを判断し、適宜修正しながら最終提案へと進みます。それでは初期提案の準備方法を説明します。

初期提案の準備法

▶ 準備プロセスの概要

　図表5－1を参照してください。この初期提案作成の準備作業のインプットは、初回面談の下記の結果（4章、図表4－4参照）を用います。

- **顧客の課題**
  　初回面談で確認した課題です。また、なぜその課題に取り組まざるを得ないのかの理由も必要です。これが明確でないと、実はそれほど優先度の高くない課題であったり、まだ抽象的で具体化されていない課題であったりする可能性があります。営業の視点で見ると、そのような課題に着目して提案をしても契約に結び付かないという、あまり筋の良くない課題です。
- **初回面談での顧客のコメントを反映した課題に関するロジックツリー**
  　顧客の戦略や課題などについて会話した内容を反映したロジックツリーです。解決策が顧客の課題、さらにいえば顧客の戦略実現にどう寄与するのかを見える化するために重要なものです。
- **プロジェクト化されている場合、予算や決済者、スケジュール**
  　課題が顧客社内で認知され、それに取り組むことがすでに決定している場合、そのプロジェクトに関する情報です。
- **初期提案の面談の予定日**
  　顧客からもらった初期提案をするためのアポイントメントです。

これらのインプットを使い初期提案を作成します。その名のとおり、初期レベルの解決案で、先に述べたように、顧客に対して提案の内容の方向性を説明し、それで良いか顧客の反応を見るのが主な目的です。

　これにより、営業パーソンの勝手な思い込みで、これを売りたい、売れるはず、と多くの時間と労力をかけて詳細提案を作成したが、顧客が期待していた解決策とは違ったために一蹴されてしまうという悲劇を回避できます。

　初期提案の一般的な手順は以下です。詳しくは、後述の「ソリューションコンセプトの作り方」のところで説明します。

❶ **課題に対する提案範囲の検討**
　　どこまでの組織や業務の範囲に対して解決策を提案するか決めます。
❷ **ソリューションコンセプトの作成**
　　概念レベルでの解決案を考えます。自社の製品やサービスだけでは十分な解決策を提供できない場合、必要に応じてソリューションパートナーと製品やサービスを組み合わせることも検討します。
❸ **初期提案資料の作成**
　　ソリューションコンセプトを顧客に説明するための資料を作成します。

初期提案前の準備作業のアウトプットは、次の2つです。
● ソリューションコンセプトの説明資料
● ソリューションコンセプトを反映したロジックツリー

5-1 初期提案の準備プロセス

初回面談の結果

初回提案の準備

インプット

（初回面談のアウトプット）
- 優先度の高い課題とその行動を起こさざるを得ない理由
- 更新版のロジックツリー
- BANT*条件に関する情報
- 初期提案の面談の予定日

顧客からのコメントを反映したロジックツリー

プロセス

- 課題に対する提案範囲の検討
- ソリューションコンセプトの作成
  （必要に応じてソリューションパートナーとの打ち合わせ）
- 初期提案資料の作成

アウトプット

- 初期提案資料
- 更新版ロジックツリー

初回提案の実施へ

注)＊：BANTとは、Budget（予算感）、Authority（決済者）、Needs（必要性）、Timeframe（導入時期）

次に、初期提案において、営業パーソンに立ちはだかる壁について説明します。

▶ 顧客の「不要」の壁とは

初期提案は営業プロセスでいうステップ2での活動にあたります。このステップで乗り越えるべきは顧客の「不要の壁」です（**図表5－2**参照）。

顧客が「不要」と感じる主な理由とその対策について説明します。

5-2 初回提案で乗り越えるべき「不要」の壁

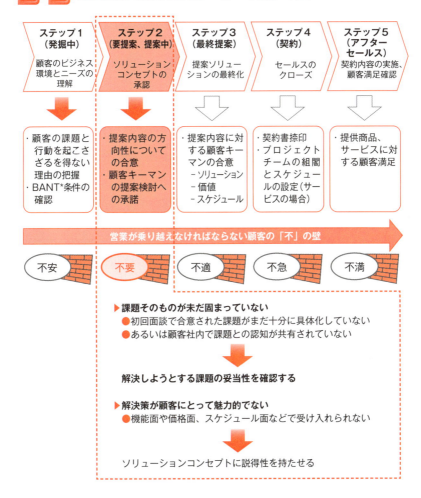

●理由1：課題そのものが未だ固まっていない

初回面談で、顧客の課題について会話するのにもらえる時間はせいぜい1時間程度でしょう。そのため、初回面談で一応合意された課題が、まだ十分に具体化していない、あるいは顧客社内で課題との認知が共有されていないことがあります。そのため、課題に取り組むためのプロジェクト化が顧客社内でされず、営業からすると案件機会にな

りません。

⬇（対策）

解決しようとする課題の妥当性を確認する

　顧客担当者は、自社あるいは自部門の課題を実現するソリューションの購買についての承認を得ようとする訳ですから、社内においてそもそも課題についての賛同が得られなければ、その解決策は見向きもされなくなってしまいます。

　したがって営業する側は、「顧客担当者はどのようなロジックで我々の提案を採用してくれるのか、そのロジックはキーパーソンの説得や社内決裁を得るのに十分なのか」をよく考える必要があります。

　POLO法のロジックツリーをベースに、顧客のビジネスの目的や戦略との整合性などからして、決裁者が納得できる課題が設定されているかどうか顧客担当者とよく確認します。

● 理由２：解決策が顧客にとって魅力的でない

　提案したソリューションコンセプトが顧客からみて、機能面や価格面、スケジュール面などで受け入れがたく思われてしまう。

⬇（対策）

ソリューションコンセプトに説得性を持たせる

　解決策が明確で、説得性があることも必要です。すなわち顧客社内のレビュアーからの「なぜこの解決策がベストなのか。他には無いのか？」という質問に担当者が答えられるような情報を提供する必要があります。

　またいくら良さそうに見える解決策でも、効果に比して価格感が高すぎるようでは、投資対効果の観点で経営層の承認は得られません。詳しい作成法は、「ソリューションコンセプトの作り方」のところで説明します。

● 良くない提案とは

　研修などで、「不要」の壁を乗り越えるための対策の説明をすると、それはわかっていますという顔をされる方が多くいます。けれども、よく見かける「良くない提案」をここでご紹介することで、それほど簡単なことではないことを強調したいと思います。

【ソリューション営業もどきの提案】

　ソリューション営業もどきの提案というのは、どこの会社に対しても「こういう課題をお持ちじゃないですか？それなら、こういう解決策がありますよ」という提案をし、自社の商材に紐づける我田引水的な営業法です（**図表５－３**参照）。よくあるのは、このような提案書のひな型を営業企画本部などが用意し、営業パーソンはそれをほとんどそのまま使うというパターンです。これであれば、顧客の置かれている環境や課題をよく把握しないでも提案資料を使いまわしでき、どこの企業にもすぐに提案に行けます。

　本来の意味のソリューション営業は、顧客との対話を通して顧客の課題を探し、それについての解決策（ソリューション）を提供する営業手法のことです。これに対してソリューション営業「もどき」の場合、「課題」という言葉を使っているものの、本質は製品を前面に押し出した昔ながらの営業法なので「もどき」と呼んでいます。ソリューション営業を行っていますという会社には、このやり方のところが沢山あります。

　顧客の方からすると、情報化の進展により、自分の抱える問題に対して、どんなソリューションがあるかの情報を容易に手に入れられるようになりました。ソリューションもどきの提案のような、袈裟の下の鎧が見透かされるようなやりかたでは、営業が何を売ろうとしているかすぐに見破られ、営業の付加価値を提供するのは困難です。

　また、製品がコモディティ化してきたため、ソリューションの切り口での営業にシフトして他社との違いを出そうとしたところ、どこの会社も似たようなソリューションもどきの提案を行うので、今度はソリューションもコモディティ化してしまい、他社営業との差別化ができにくくなっています。

　案件の規模の観点では、ソリューションもどきの提案では、一般に手離れの良い商品を、標準的な提案書をそのまま、あるいは少ない修正で、効率よく営業しようとするため、高額の契約獲得にはなりがたいと思います。

　これに対してPOLO法では、顧客視点で顧客の課題発見・確認をすることにフォーカスするために、顧客に関する情報をできるだけ集め、顧客のビジネスの目的、戦略、課題へとロジックツリーを展開していきます。このようにひと手間かけることで、顧客に提供できる営業の付加価値を高

5-3 よくある提案の問題：ソリューション営業もどき

> ▶背景：顧客の課題発見・確認を行う方法がわからないし、準備の手間をかけず多くの企業にアプローチしたい
>
> そのため…
>
> ①売り手都合で商材が解決しそうな課題を想定する
>
> ②それに顧客がハマるかどうかをチェックする
>
> 顧客の課題解決の体はとっているけど、本当に顧客視点に立っている？
>
> ▶特徴
> - 個々の顧客が置かれている環境や課題をよく把握しない
> - 提案書のひな型を営業本部などが用意し、営業パーソンはそれをほぼそのまま使う
> - 顧客訪問前の準備は少ないので、数多くの顧客を訪問できるが、打率は良くない
>
> ▶営業会話パターン例
> - 営業：（どこの企業に対しても）「○○の課題をお持ちじゃないですか？それなら、こういう□□の製品が解決のお役に立てます」
> - 顧客：「興味が無いので結構です」
>   （顧客は「これは□□の売込みだね」と簡単に見抜く）
> - 営業：「わかりました、また今度よろしくお願いいたします。」
>
> ▶特徴
> - 他社との営業の差別化ができない
>   （どこの会社も似たようなソリューション営業"もどき"でパターン化）
> - 売り手と買い手の間の情報格差が大きく縮まった今、営業の価値を出せない
> - 大型案件の発掘は難しい

めるとともに、できるだけ大きな、あるいは多くの課題を見出して案件機会のサイズを大きくすることを狙えます。その理由は、顧客の課題を網羅的に検討できるのと、提案の自由度が比較的高い企画段階から顧客に入り込めるからです。

ソリューションもどきの提案をしている会社は、本来のソリューション営業からは逸脱しているのに気づいてはいるけれども、顧客視点で課題発見・確認を行う方法がわからないため、どうしてよいかわからないところ

も多いのではないでしょうか。ぜひ、本書のPOLO法を活用してもらいたいと思います。

【自己中心的な提案】
　これは例えば、「自分はこの製品の販売担当だから、それだけ提案しよう」とか、「これは標準機能ではないので、実現できません」と平気で顧客に言うといった、自己都合を顧客に押し付ける提案です。
　比較的多くの商品があり、誰が（どの部門が）どの製品やサービスを販売するかの担当が縦割りになっている企業でこのような提案をよく見かけます。こうなる原因は、それぞれの営業担当者は自分が担当する商品の販売結果だけで評価され、他の商品を合わせて売ってもそれほど評価されないためです。これは組織的な問題ですが、ソリューション営業を頭ではわかったつもりになっていても、日々行っている営業では実践していない典型です。
　特に本書でフォーカスしている大型案件では、課題も比較的複雑になるので、顧客が簡単な提案だけを求める訳はありません。営業パーソンは全体感を持った提案を能動的にすることが必要です。ところが、顧客の期待に応えることよりも、自分が売りたいもの、売りやすいものだけを提案することが広く行われています。
　このような自己中心的な提案では、顧客に合ったソリューションを提供できないため、契約を獲得できる確率は低くなります。また、今回は契約をもらえても顧客満足度は高くないため、次の営業機会を得るのは難しくなります。
　これに対してPOLO法では、あくまで顧客視点に立って、顧客の課題を網羅的に検討し、総合的な解決策を提案することで大型案件を獲得しようとする方法です。上記のように個々の営業パーソンが担当する商品が限られており、他の商品を販売しても評価されない評価制度になっている場合、この評価制度に縛られない営業パーソンを任命するなどして、POLO法を活用する必要があります。さもないと、せっかくPOLO法を使い、手間をかけて課題を発掘しても、効果的な提案ができません。
　なお、自社が販売できる製品やサービスの種類が少なく、いわゆるトータルソリューションを提案するのが難しい企業もあります。このような企

5-4　よくある提案の問題：自己中心的な提案

▶背景：顧客の課題解決より、売りたいもの、手離れの良い商材にフォーカス

①顧客の課題は一応、把握しようとするが…

②顧客のニーズを満たすことよりも、自社都合を優先させて提案する

「売りたいもの、売りやすいもの」だけを提案

▶特徴

- 顧客の課題にぴったり当てはまる解決策を提示できない
- 顧客の身の丈に合った解決策はどの位の規模感なのかがわからなくなり、欲張って提案する結果、価格が膨らんで、結局、案件をロスしてしまう
- 他社の製品など、まったく知らないし、知ろうともしない

▶営業会話パターン例

- 営業：「私はこの製品の担当で、これにのみ責任が持てます」
- 営業：「この要件は標準機能ではできないので、実現できません」

▶自己中心的な提案法の限界

- 顧客のニーズに合ったソリューションを提供できないため、契約獲得の確度が低い
- 契約できても顧客満足度は高くないため、将来、再度の営業機会を得るのが難しくなる

業にお勧めするのは、他社とパートナー契約を結び、パートナーの商品と組み合わせることで、顧客にベターなソリューションを提供すると共に、競合他社に対して差別化をすることです。ただし、自社に合った販売パートナーの探索や販売提携の契約を結ぶのは時間がかかります。したがって、案件の都度、考えるというより、営業戦略としてどのようなソリューションを顧客に提供したいのかを検討して、手を打っておく必要があります。

● ソリューションコンセプトの作り方

　上記のような「ソリューションもどき」や「自己中」な提案にならない方法をここから説明します。先にも述べたように、初期提案、すなわち営

業ステップ2では、いきなり詳細な提案にのめりこまず、ソリューションコンセプトを作成します。なぜなら、詳細な提案を作成しても、それが顧客の期待するものとズレていたら、その作成にかけた時間と労力は無駄に終わってしまいます。また、顧客から見ても、これが解決策といきなり言われるよりも、どんな選択肢があり、その中でどうしてこの解決策が選ばれたのかを知りたいはずです。

営業ステップ2で顧客からソリューションコンセプト、すなわち提案内容の方向性に対する了承をもらえたら、営業ステップ3に進み、詳細提案を行います（figure5-5参照）。

ソリューションコンセプトの内容

ソリューションコンセプトの内容としてカバーすべき主な項目には、以下のものがあります。

- 解決方針

  どのような解決方針で臨むのかを示します。例えば、長年使われて実績が多く、安定した導入・運用ができる、いわゆる「枯れた技術」だけを使ってリスクを下げることを優先するのか、それともリスクはあっても先進技術を使うことで飛躍的な性能向上を狙った挑戦をするのか、どちらの方針を採るのかです。

  解決方針は、顧客の課題や制約条件、嗜好などにより大きく変わります。失敗を極力避けることを第一にする顧客であれば、上の例の場

5-5 まずはソリューションコンセプトの提案から

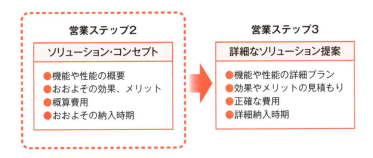

合、枯れた技術を使うことを選択するでしょう。逆に、先進企業のイメージ作りを優先する企業の場合、先進技術を積極的に使うことでイノベーションを実現し、それをメディアやセミナーなどで大きく宣伝しようと考えます。

　営業する側にとっては、解決策や価格、期間などが大きく変わるので、顧客としっかり解決方針についてすり合わせることが大切です。一般的にまだ実績の少ない先端技術を使おうとすると、トータルで価格が高くなる傾向があります。

- 解決策の対象範囲

　どこまでの範囲の組織や業務を課題解決の検討の対象にするかを明確にする必要があります。本社と地方の子会社がある顧客の場合、本社だけで子会社は対象としないのか、あるいは、グローバル企業の場合、例えば日本だけに限るのか、それとも全世界規模で考えるのかを明確にします。

　POLO法のロジックツリーを作成する方法のところでも述べたように、検討の対象範囲を広くとれば、案件の規模は大きくなりますが、解決策が複雑になりがちです。業務の範囲についても同様です。例えば、生産の効率化の課題に取り組むのに、製作業務だけにフォーカスするのか、生産計画や在庫管理までも視野に入れるのかを明確にします。

- 解決策の概要

　上記の「解決方針」と「対象範囲」に基づいて考えた解決策の概要です。先ほどの「ソリューションもどきの提案」や「自己中心的な提案」ではなく、あくまで顧客視点に立った、解決策の概要を示します。すなわち、顧客の課題は何か、それをどう解決することで、どのように現状と比べて良くなるのかを明記します。

　まだソリューションコンセプトの段階ですので、詳細かつ正確である必要はありませんが、価格やスケジュールの大体の規模感も示します。その反応を見て、顧客のニーズや金額、スケジュールなどの制約条件に合致しているかどうかの感触を得て、「不要の壁」を乗り越えられるようにします。

　また、前例が無い、あるいは最先端技術を使った解決策を提案する

場合は、提案前に自社の技術者の意見をよく聞く必要があります。さもないとリスクの高いプロジェクトになったり、いざ詳細提案、そして納入というときに技術陣の協力が得られなくなったりしかねません。
- 他の解決策との比較

　他にどのような選択肢や代替案があり、それらとの違いは何か、また、競合他社に対する差別化ポイントは何かを説明します。顧客担当者が、社内のレビュアーからの解決策の選択理由に関する質問に答えられるような情報を提供する必要があります。

▶ 顧客の期待を超える提案をするには

　顧客はベンダーからの提案を聞くとき、「おそらくこんな提案をしてくるのだろう」という何らかの期待や想定を持っています。こちらが提案する内容が、顧客の期待を上回っていれば、顧客は満足してくれますし、逆に下回ると、この程度かと落胆してしまいます。

　では、顧客の期待を上回るためにはどうすればよいでしょうか。それには、次の2点がポイントです。

❶ 顧客の期待を適切なレベルに管理する
❷ 期待を超える提案を作る

　それぞれについて、説明しましょう。

【❶ 顧客の期待を適切なレベルに管理する】

　「良い提案を持って来ますので期待してください」などと、つい顧客に言ってしまうことはよくあると思います。ただ、度を過ぎて顧客の期待をあおるようなことを言うことは止めた方がよいでしょう。初め、そのようなことを言っていても、実際に提案内容をみて、実はそれほどではないことがわかると、期待を高めたことが逆効果で信頼を失ってしまいます。

　また、逆に期待値を下げ過ぎても、頼りないとか、競争相手の企業よりも劣っていると思われてしまい、契約獲得にこぎつけるのは難しくなってしまいます。

　顧客の期待を適切なレベルに管理するのも、営業パーソンの大事な仕事

です。

【❷ 期待を超える提案を作る】
　次に顧客の期待を適当なレベルに管理したとして、どうすれば、顧客の期待を超える提案ができるか、幾つか例を使いながら説明します。

- 例1　顧客の想定：「こちらから伝えた課題に対してだけ、ベンダーは解決策を提案してくるだろう」
　　　　　　　　↓
顧客が言う課題だけでなく、真の課題や関連する課題についても取り組むべきことを提言する

　POLO法を使って自分なりに顧客の課題を想定して面談をするメリットはまさにこの点です。ソリューションもどきの提案や自己中心的な提案を受け慣れている顧客は、POLO法のロジックツリーに基づいた提案は新鮮なものと受け止めるでしょう。
　私の経験では、顧客から最初に聞いた課題が、最後までその通りだと思えることの方が少ないくらいです。例えば、経営者が現場の担当者に課題があると言っているという話を聞いても、実は、経営者側にも課題があるとわかることは多くありました。「社内での立場上言えなかったが、社外の人から客観的に課題を指摘してもらえて良かった」と感謝されたこともあります。

- 例2　顧客の想定：「標準の製品やサービスを提案してくるのだろう」
　　　　　　　　↓
顧客の求める機能や性能に対して、標準の商品がぴったり合わないのであれば、カスタマイズしてお客様の要望にできるだけ合わせて提案する

　顧客の要望に合わせるためには、製品をカスタマイズや機能拡張を開発部門に要望したりする必要が出ることもあります。営業パーソンは、顧客のためなら、経営陣や他部門にかけあってでも最善の解決案を提供できる

ようにしようという気概が必要です。

ただしカスタマイズをすることには難点もあります。標準製品を変更したり特別なサポートを提供したりするために価格が高くなります。また標準製品がバージョンアップされると、カスタマイズで追加・修正した機能との整合性を取るために、再度開発が必要になり、追加コストが発生することもあります。

このためカスタマイズの長所短所を考慮して、何が顧客にとってベストかをよく考えて提案する必要があります。

● 例3　顧客の想定：「製品ベンダーだから自社製品の提案だけをするのだろう」

必要に応じてパートナー企業のソリューションと組み合わせながら総合的なソリューションを提案する

顧客の課題に対してソリューションを実現するのに、自社の製品やサービスだけで実現できるとは限りません。その場合、パートナー企業のソリューションと組み合わせて、総合的なソリューションを提案できれば、より高い価値を提供できます。また、営業面からは案件規模を大きくでき、他社との差別化ができるメリットもあります。

● 例4　顧客の想定：：「直近の解決策だけを提案するのだろう」

直近の解決策だけでなく、将来のあるべき姿を提言し、そこへ至るロードマップも提案する

このような提案ができれば、今回の解決策用の投資が、一過性のものではなく、将来、あるべき姿を実現するための第一歩として位置づけることができます。そして顧客担当者は投資に関する社内稟議を通し易くなるとともに、将来のビジョンを社内で共有することができます。

また、大型案件の場合、一度にすべての課題を解決しようとするのは、顧客のリソース（ヒト、モノ、カネ、時間）の観点から困難であったり、

解決策の難易度が高くなりすぎてリスクが高かったりすることが一般的です。この点でも解決のロードマップを策定して、着実に段階を経ながらあるべき姿に向かって改善していくことは顧客にとってメリットがあります。

　営業する側にとっても、中長期のロードマップを提案できると次のようなメリットがあります。

中長期のロードマップ提案のメリット
- 将来のあるべき姿とそこに至るロードマップを顧客と共有でき、直近の案件（プロジェクト）が終わり次第、ロードマップに従って、次の案件の営業に入れる
- こちらの先見の明や技術力を示すことで、顧客の信頼が深まる
- 直近だけでなく、中長期的な視点での提案もする企業はなかなかないので、競合他社との差別化ができる

　筆者は、企業のIT部門に全社的なシステム基盤に関する直近の改善提案だけでなく、中長期のあるべき姿を提言し、その実現のためのロードマップをCIOやIT部長に提案した経験が数多くあります。これまでどこのベンダーもこのような提案をしてくれなかったと感謝していただき、提案したロードマップをそのまま採用してもらって非常に大きな契約を獲得できたこともありました。

　顧客の期待を超えるとともに、大きな契約金額につながる提案をするためには、次の2つが特に重要です（**図表5−6参照**）。

1. 総合的なソリューションを、必要に応じてパートナー企業のソリューションと組み合わせながら提案する

　このためには、総合的なソリューションフレームワークを普段から考えておく必要があります。個人では限界があるので、営業チームで考え、用意しておくとよいでしょう。

　ソリューションパートナー企業との協業については、顧客への提案の都度、打ち合わせに多くの時間を費やしていては顧客への提案のタイミングを逸してしまいます。したがって営業戦略策定時に、パート

5-6 案件規模を大きくするためのヒント

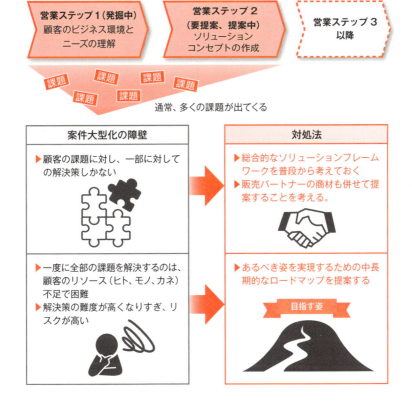

ナー企業とマーケティングや営業面での協業方法や価格、サポート体制などについての基本的な取り決めをしておく必要があります。

2. 直近の解決策だけでなく、将来のあるべき姿を提言し、そこへ至るロードマップも提案する

具体的なロードマップの策定法については次で説明します。

ロードマップの作成法

「将来のあるべき姿を提言し、そこへ至るロードマップも提案する」というのは、大型案件獲得に有効な方法なので、次の二つに分けて説明します。

❶ 将来のあるべき姿の描き方
❷ 将来のあるべき姿に到達するためのロードマップを作る方法

【❶ 将来のあるべき姿の描き方】
　中長期的な視点での提言が成功するための重要なポイントは、説得力のある、将来あるべき姿を提示することです。逆に顧客が、将来あるべき姿に納得しなければ、どんなロードマップを作っても顧客は同意しません。
　説得性のある将来のあるべき姿を設定するためには、(1) 業界・業種のベストプラクティスの活用　(2) 先進技術の採用　という2つの方法があります。

(1) 業界・業種のベストプラクティスの活用
　この方法の仮説は、「将来的には、業界最先端のビジネスモデルや業務プロセスを実現することが顧客にとってベストである」というものです。この仮説が受け入れられる顧客に対しては、業界のベストプラクティスを調べて、それを将来のあるべき姿と設定するアプローチです。
　業務内容が似通っており、業界最先端企業を他の企業が後追いすることが多い業界や、横並び意識が強い業界の企業にはこの仮説が受け入れられることが多いと思います。ソフトバンクの孫氏が唱えた「タイムマシン経営」という言葉がありますが、これは海外で成功した最先端のビジネスモデルを国内に導入することで、先行者利益を得ようとする考え方です。これも先進事例の活用の例と言えます。ただ、他社の真似は絶対しないという企業もたまにあり、そういう企業にはこのアプローチは向きません。
　ベストプラクティスというのは、ある結果を得るのに最も効率のよいやり方のことで、お手本や最良の事例のことです。例えば、先進企業の成功事例となっているやり方や、業界で最も優れているとみなされている業務プロセスやビジネス・ノウハウなどです。
　当然のことですが、ベストプラクティスはずっと固定的されたものではなく、時代が経つとともに進化していきます。例えば、1980年代は日本の製造業は絶頂期にあり、トヨタ自動車のジャストインタイムなどの生産方式が世界中の注目の的となりました。その頃、アメリカは国を挙げて、日本の製造業の先進事例を学びだしました。その結果、1990年代には、様々な強力

な生産管理のソフトパッケージを生み出すようになりました。そして今度は、日本企業が先を争ってそれらを導入するようになりました。この例のように、時代の流れによってベストプラクティスは変わっていきます。

　ベストプラクティスは、業界団体や官公庁、調査会社、シンクタンク、大学の研究者などが調査してまとめたものを公開しているものがあるので、そういうものを探して、参考にすることから始めるとよいでしょう。特に、次のような観点で参考するベストプラクティスを選択すると良いでしょう。

- 業界や企業の特徴が似通っている
- 達成すべき目標が似通っている
- 業務プロセスに関する課題に類似性がある

(2) 先進技術の採用

　顧客の課題が技術に関係が深いものの場合、将来のあるべき姿を考えるのに、先進技術をどれだけ採用するかという視点もあります。技術革新はあらゆる分野において日進月歩で進み続けていますので、顧客の業界や業種においても活用できる技術革新や新しいシーズが生まれているはずです。例えば、機械学習やディープラーニングは、まだ一部の大企業や先進企業で始まったばかりですが、これが早晩あらゆるところに普及することは想像に難くありません。中長期的な技術の進歩を予測し、それを活用して顧客の企業の成長や競争力を高めるためには、どんな将来像が考えられるのかを検討します。

【❷ 将来のあるべき姿に到達するためのロードマップを作る方法】

　上記のように将来のあるべき姿を設定したら、次にそれを実現するためのロードマップを作成します。ロードマップの策定の３つのポイントを以下に説明します（図表５−７参照）。

- ポイント１：各段階が意味のあるような区切りに分ける

　　一般的な企業では、あるべき姿を実現して効果が得られるようになるのに10年も待たねばならないというような計画は現実的ではありま

5-7 ロードマップの作り方のポイント

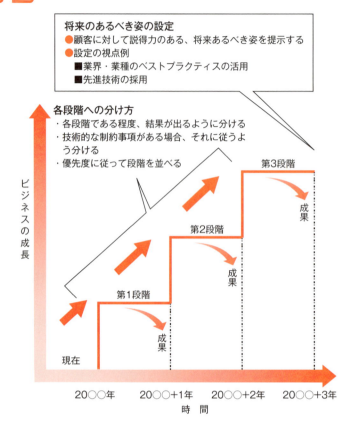

せん。そのため、3段階や4段階を経て実現するロードマップを作り、どの段階でもそれぞれ何らかの効果が出るように計画します。そうすれば、順次、改善の成果を享受しながら、あるべき姿の実現を目指せることになり、モチベーションを維持しやすくなります。私の経験では、3年から5年をめどに、3段階ほどを経て、あるべき姿を実現するというロードマップを策定することが最も多くありました。

また、この数段階に分ける際には、各段階の実現に必要なリソース（ヒト、モノ、カネ）が手ごろになるような実行可能性のあるロードマップにします。

さらにリスクを下げる観点でも、何段階かに区切ることは有効で

す。例えば、ある一部の組織でパイロットプロジェクトを実施し、そこで出た改善点などをつぶした後、次の段階で他の組織に順次広げていくというロードマップです。

●ポイント２：技術的な制約事項を考慮する

　最先端技術を活用して新しいサービスを提供したり、コストを劇的に削減したりするといったあるべき姿を目指すにしても、先進技術を一朝一夕に使いこなすのは難しいことが多くあります。

　技術的な観点で、Cを実現する前には、Bができていないといけない、Bを行う前にはAができている必要があるという技術的制約があれば、A　➡　B　➡　C　の順で高度化のステップを踏む必要があるので、そのようにロードマップを作成します。

　例えば、少し専門的な話になりますが、ITシステムには、サーバーとよばれるサービスを提供するコンピューターがあります。サーバーの仮想化技術は、1970年代からメインフレーム・コンピューターで実用化されていました。その後、パソコンをサーバーとするオープン系サーバーでの活用が始まったのは、2000年代です。そのため、一般企業が仮想化技術を自分たちも利用できる先進技術と認識し始めたのは、その頃からでした。当時は、この仮想化という先進技術を一朝一夕に採用することは難しいので、数年かけて実現するロードマップを作ることがよく行われました。例えば、最初は様々な場所に散在しているサーバーを物理的に一か所に集約することを第１段階とし、次の第２段階ではサーバーの仕様の標準化やサーバーの運用管理の統合化を行い、最後の第３段階で仮想化を行うというロードマップがよく用いられました。

●ポイント３：優先度に従って段階の順番を決める

　幾つかの段階を経てあるべき姿を実現するというロードマップを作る際に、どの順番で行うのかについて、上述のような技術的な制約条件があれば、それに従いますが、特になければ次のように優先度を評価して決定します。

　一般に、優先度は緊急性や効果、負荷（実施の大変さ）によって判断します。例えば、多大な労力や時間をかけずに、高い効果が期待できる段階があれば、これを最初の段階にします。というのも、第一段

階で比較的早く何らかの改善の効果を示せれば、そのロードマップに従って改善していこうという機運が顧客社内で高まるからです。

　他の優先度付けの例としては、社長から直々に命令が出ている、あるいは、官公庁からコンプライアンスの是正が求められているなど、とにかく今すぐやる必要のあることを最初の段階に行うとしたこともあります。

▶ 初期提案書の構成例

　ここまで初期提案書の準備方法を説明しました。次に、初期提案書の内容構成例を、ここまでの要約も兼ねて紹介します。

- 表紙
  　提案内容を簡潔に要約したタイトルにします。
- 目次
- 現状と課題
  　初回面談前に用意したPOLO法のロジックツリーを使って顧客と確認した課題を記述します。単に課題の名称を書くだけでなく、初回面談でヒアリングした、課題に取り組まざるを得ない理由や、課題が複数ある場合、その優先度を記すようにします。

  　また、補足資料としてPOLO法のロジックツリーの図を貼り付けます。
- 解決策提案の目的
  　どうしてこの提案をするのか、その理由、および提案にあたっての熱意をアピールします。
- 解決の方針
  　例えば、長年使われて実績が多い技術を使うことで、リスクを下げることを優先するのか、ある程度リスクはあっても先進技術を使って大きな効果を狙った挑戦をするのかといった方針を記します。解決方針は、顧客の課題や制約条件、嗜好などにより変わり、それにより提案内容も大きく変わるので、その確認のために記述します。

  　一般に最先端のテクノロジーを使おうとすると、大きな効果を期待できる代わりに価格が高くなる傾向があり、リスクも増します。

● 解決策の概要と期待される効果

　解決策の具体的内容や実現イメージ、必要になる要素などです。初期提案なので、詳細はまだ必要はありません。第3章で解決策を検討する方法としてKOPT（K：Knowledge－知識やスキル、経験、ノウハウ、O：Organization－組織や体制、P：Process－業務プロセス、作業の流れ、T：Tool－ツール）の切り口で考えてみることを紹介しましたように、顧客視点で成果を挙げるために考えた解決策を記述します。

　また、提案が実現されたときの効果や利益などもおおまかに記します。まだ初期提案の段階であり、詳細な現状や解決策がわからない状態なので、定量的なメリットを書くのは難しいことが一般的です。そのため、定性的なメリットや、参考になりそうな過去の事例の場合の効果などを記述します。

　顧客の期待を超え、なおかつ案件の規模を高めるには、先に説明したように次の方法が有効です。

● 必要に応じてパートナー企業のソリューションと組み合わせながら総合的なソリューションを提案する
● 直近の解決策だけでなく、将来のあるべき姿を提言し、そこへ至るロードマップも提案する

● 解決策が対象とする組織や地域、業務の範囲

　対象とする組織（例：一部の事業部 or 複数の事業部）や地域（例：日本だけ or グローバル）、業務（ひとつの業務 or バリューチェーンでつながる複数の業務）など、解決策の適用範囲を記します。

　範囲が広くなればなる程、高い価格を期待できますが、解決策が複雑になり、リスクも増します。

● 代替策との比較

　顧客は、こちらが提案する解決策に対して、他に解決策はないのか、それも知りたいと考えます。そのためどのような代替案があり、なぜ、この初期提案の内容をお勧めするのか、その理由を述べます。

- スケジュール感

    初期提案の段階では、詳細なスケジュールは提示できないことが一般的ですが、アバウトで大体どの位の期間を考えているのかを記述します。その理由は、顧客が意外と短期で考えている、逆に長期で考えているといった反応をみるためです。
- 価格感

    上記のスケジュール感と同様の理由で、どの程度の価格規模になるかを記述します。

初期提案の実施法

初期提案の準備が済んだら、いよいよ顧客に初期提案を行います。その実施方法を説明します。

▶ 初期提案で期待するアウトプットとは

図表５−８のように、準備作業で作成した初期提案資料を顧客に説明します。初期提案というは営業ステップでいうと２の段階ですが、この初期提案で期待するのは、以下のアウトプットです。

- 顧客担当者からのソリューションコンセプトに対する同意
- 顧客のキーパーソンが提案内容を検討することの同意

    顧客社内の正式な稟議のために、具体的な提案を次にしてくださいと依頼されるのが理想です。
- 提案に関連する顧客のキーパーソンと予算、スケジュール、購買プロセスについての情報
- 更新されたアカウントプラン

    初期提案における顧客との会話から、戦略や課題、組織などに関して新たにわかった情報をアカウントプランに反映します。
- 案件機会プランナー

    顧客のキーパーソンが提案内容を検討するという同意がもらえれば、案件機会が発掘できたということなので、案件機会プランナーを作成します。案件機会プランナーについては後ほど説明します。

5-8 初回提案の実施プロセス

初回面談の準備
↓

面談の実施

インプット

（初回面談の準備のアウトプット）
- 更新版ロジックツリー
- 初期提案資料

プロセス
- コンセプトレベルの解決策の提案
- BANT*条件の確認
- 購買プロセスおよびキーマンについての確認

アウトプット
- コンセプトレベルの解決策に対する顧客の了承
- キーパーソンが提案を検討することへの承諾
- BANT条件、購買プロセスおよびキーマンに関する情報
- アカウントプラン
- 案件機会プランナー

↓
最終提案の準備

注）＊：BANTとは、Budget（予算感）、Authority（決済者）、Needs（必要性）、Timeframe（導入時期）

　以上のアウトプットを得ることができたら、次の営業ステップ3（最終提案）に進めます。一回の顧客訪問で営業ステップ2が完了せず、何回も初期提案を繰り返す必要が出ることも多くあります。先を急いで、上記のアウトプットを十分得られないまま強引に進めても、後で契約獲得を阻害する問題が吹き出てきます。たとえば、顧客が課題解決の方向性にそれほ

ど納得していなかった、あるいはキーパーソンと思っていた人が実はそうではなかったなどの問題が後で出てくると、早期にそのような問題をつぶすよりもはるかに多くの苦労をすることになってしまいます。したがって、営業ステップごとに必要なアウトプットをしっかり獲得し、ロジカルに営業活動を進めていきましょう。

▶ 効果的な初期提案の仕方

アウトプットを得るために、どのように初期提案を顧客へ説明するのが良いのか、考えてみましょう。

効果的な初期提案というのは、「初期提案の内容そのもの」と「伝わるように説明する力」の掛け算で決まるということができます。

> 効果的な初期提案 ＝ 初期提案の内容 × 伝わるように説明する力

初期提案の内容の作り方については、準備法を説明しましたので、ここでは伝わるように説明する方法について説明します。

「伝える」と「伝わる」の違いを意識しているでしょうか？「伝える」だけでは不十分です。なぜならそれは営業パーソンからの一方通行で、顧客の行動に影響を与えるかどうか定かではないからです。

相手に「伝わる」ように提案内容を説明するためには、次の３つが大切です。

❶ 課題解決に貢献したいという熱意
❷ 論理性、わかりやすさ
❸ 時間管理

❶ 顧客の課題解決に貢献したいという熱意

顧客が営業パーソンの説明を聞いて心を動かされるのは、営業パーソンが見せる熱意です。やる気の感じられない説明では、たとえ提案内容が良くても、積極的に提案を聞く気持ちにはなりません。またやる気といっても、自社の商品を売りたいというやる気ではなく、顧客の課題解決の役に

立ちたいというやる気が大切です。

　掛け声だけの精神論ではなく、POLO法を使うメリットのひとつはこの熱意を自分の心の中に自然に醸成できることです。POLO法では初回面談前から顧客企業の情報収集および分析をし、自分なりに仮説ベースで課題を考えた上で顧客と課題に関する面談をします。このように、顧客の置かれている状況や悩みを理解することに一般的なソリューション営業法よりも時間と労力をかけます。その結果、感情移入が進み、課題解決の支援をして顧客に貢献したいという想いが自然と湧きます。この想いがあれば、姿勢や表情、声などに関するコミュニケーションテクニックをそんなに意識しなくとも、おのずからできるようになります。

❷ **論理性、わかりやすさ**

　大型案件では提案で伝えたい内容が複雑になりがちですので、伝えたい内容を整理して、相手にわかりやすく説明する必要があります。

　ここでお勧めしたいのはPREP法です。PREP法は文書やプレゼンテーションなどの構成法の一種で、次の頭文字をとっています。

P：Point（結論）
R：Reason（理由）
E：Example（事例、具体例）
P：Point（結論を繰り返す）

　この名前の通り、最初に結論を伝え、次にその理由を説明、さらに事例などで理由を補強し、最後に結論を再度提示するという展開法です。

　大型案件に関わる顧客は管理職やリーダーの人達であり、そういう人は時間にシビアですし、気の短い人が多いように思います。結論を後回しにして説明しようとすると、「で、結論は何なの？」とイライラさせてしまいます。また、アポイントをもらっていても、急な要件のため、面談時間を短くされてしまうこともよくあります。さらに聞き手の集中力が最も高いのは説明の最初です。こういったことからも、結論を最初に述べるPREP法は理にかなっていると言えます。

PREP法を初期提案内容の構成に当てはめると、説明順序は次のようになります。

- P（Point　結論）：顧客の課題とそれに対するソリューションコンセプトの要旨を簡潔に述べる

　　顧客は、ソリューションコンセプト自体だけではなく、それが、自社の課題の解決にどれだけの効果を期待できるのかを知りたいと思っています。POLO法のロジックツリーを見せると、ソリューションコンセプトと課題との対応、さらには、戦略、ビジネスの目的との関係を一目瞭然に示せます。

　　長々と複雑な説明をしないとその良さを顧客に説明できないのであれば、説明の仕方が悪い可能性が高いので、事前に簡潔に言えるようによく練習しておく必要があります。

- R（Reason　理由）：ソリューションコンセプトを勧める理由を述べる
  - ソリューションコンセプトの内容説明

　　　顧客の課題をどう捉えており、その課題に対して、どのような方針で解決しようとしたか、解決策の内容、解決策の対象範囲

  - 他の解決策との比較

　　　他にどのような選択肢や代替案があり、それらとの違いは何か

  - 他社製品に対する優位性

　　　競合他社に対する差別化ポイントは何かを説明します。

　　　説明するだけでなく、こちらからも質問をして、どこが競争相手か、顧客が重視する比較検討項目は何かなどを把握することもしましょう。例えば次のような質問です。

　　　「他にどのようなベンダーが、このプロジェクトに関して貴社を支援していますか」

　　　「貴社がベンダーを評価する際、何を重視されているのですか」

  - 投資対効果

　　　初期提案の段階なので、正確な費用や効果はまだ提示できませんが、規模感は顧客に伝えるほうがよいでしょう。顧客の反応をみて、提案が顧客の許容範囲かどうかを知ることができます。

　　　次は顧客の予算に関する情報を集めるための質問の例です。

「この件がプロジェクト化されるとすると、どの位の予算でしょうか」

　　「この提案概要の場合、大体○○万円位になると思いますが、お客様の予算感はどれ位でしょうか」

- E（Example 事例、具体例）：これまでの実績、事例を紹介する

　実績や事例を紹介することで、提案内容の説得性を増すようにします。もちろん、顧客と同じ業界の事例があればベストです。単にどこの企業が使っているという簡単な紹介ではあまりインパクトはありません。

　理想的な事例は、次のような内容を含んでいるものです。

▶ どういう課題を事例企業は抱えていたか

▶ どのように解決策を検討し、なぜ提案している商品を解決策として採用したのか

▶ 採用した結果、どのような効果があったか

　　新技術を含む提案の場合、POC（Proof Of Concept）も提案の説得性を増すのに使われます。POCとは、新しいテクノロジーや理論などが実現可能であることを示すための簡易なトライアルやデモンストレーションです。試行ではあっても、机上の理論ではないので、実現可能性について安心感を与えられます。

- P（Point 結論を繰り返す）：再度、提案内容の要約を繰り返す

　提案内容を簡潔に要約して締めくくります。顧客に提案内容について疑問点がないか確認した後、次の点を確認します。

▶ ソリューションコンセプトへの同意

　　同意をもらえない場合、その理由や修正、追加が必要な点を教えてもらいます。

▶ 顧客のキーパーソンにアプローチすることの了承

　　この了承が得られるかどうかで、顧客の本気度がわかります。キーパーソンを教えてくれない、あるいは会わせようとしないのは、営業にとって危険なサインです。提案内容に納得していない、あるいは既に本命のベンダー（業者）を決めているのかもしれません。

▶ 詳細提案を行うスケジュール

　　ソリューションコンセプトに同意をもらえた場合、より詳細な解決

策の内容やコスト、納入スケジュールなどを提案する時期について、顧客の都合やこちらの準備に必要な時間を考慮して決めます。また、詳細提案に必要な情報があれば、顧客にその提供を依頼します。

❸ 時間管理

伝わる説明をするには、時間管理も大切です。というのも大型案件に関係する顧客は、主にリーダーや管理職、経営層であり、彼らは、時間に対して非常にシビアだからです。面談の開始時間を守るのはもちろんのこと、終了時間はあらかじめ決まっている時間でよいのか、面談の冒頭に念のため確認します。

時には、「急用ができたので、後ろは○時までにしてもらえますか」と急に面談時間の短縮を要求されることもあります。そのような事態にも慌てず、何を提案したいのか、顧客にとってのメリットは何かを端的に言えるようになっておく必要があります。先ほどのPREP法は結論を先に言うので、このような事態に対処するにも向いています。簡潔に説明をし、必要があれば、別途時間をもらって再度説明します。

▶ キーパーソンの確認法

確認された課題について取り組むことが顧客の社内で決まっており、プロジェクト化されている場合、キーパーソンについても情報を集めます。

新人営業パーソンが犯しがちなミスは、「お客様は自分が納得すれば買ってくださると言っており、順調に商談は進んでいます」と上司にずっと報告していたけれども、大分時間が経ってから、突如、上司に「すみません。予算を確保できなかったとお客様から言われ、この案件は望みがありません。」と報告することです。お気づきのように、予算を持っている人、予算を付けることを拒否した上の人が意思決定者です。この人を押さえなかったのが大きな敗因です。

また、私も経験したことがありますが、顧客が非常に興味を示したので、これはひょっとして新たな案件機会かと期待すると、実は買う気がないのに自分の勉強や情報収集のために興味があるように対応してきただけということもあります。

このような問題を避け、効率のよい営業をするためには、主となる意思

決定者（パワースポンサー）は誰か、他のキーパーソン、例えば課題が実現されると恩恵を受ける代表は誰（どの部門）か、承認者は誰か、意思決定に影響を与える人（インフルエンサー）は誰かなどを顧客にきちんと教えてもらう必要があります。また、併せて購買プロセスおよび意思決定プロセスについても確認します。ときどき、営業研修などで、受講生の方から、このようなことを顧客に尋ねて答えてもらえるものでしょうかという質問を受けます。私の経験では、問題なく答えてくれるケースがほとんどです。というのも相手はこちらが営業であり、仕事として顧客と会話をしていると認識しているので、そのような質問をするのは当然と受け止められるからです。

キーパーソンは、案件の規模や特徴によって変わってきますし、月日の経過によって顧客の組織も変わっていきます。たとえ既に取引がある顧客であっても、以前の案件と決済プロセスが同じだと決めつけないで、確認する必要があります。例えば、前回、部長レベルで決済してもらった商品と同程度の金額であっても、決済ルールが変わり、より上位の役職者の決済が必要になるということはよくあります。

キーパーソンの中でも特に確認が重要なのはパワースポンサー、すなわち案件の決定に関して、もっとも影響力を持っている人です。組織図上の地位は影響力を判断する一つの要素ではありますが、日本企業では、多くの場合、承認者は承認するだけで、実質的な決定権は部下の意思決定者に判断を委ねていることが多くあります。関係者の実際の力関係をよく把握して、実質上の意思決定者を見出すことが重要です。

パワースポンサーを探すには、パワースポンサーと思われる人に直接聞くか、意思決定部門の誰かに教えてもらいます。パワースポンサーに関する情報を収集のために、例えば、次のような質問を周りの人にします。

- 「誰が、このプロジェクトのスポンサーエグゼクティブなのですか？」
- 「どうして、あの方がこの重要プロジェクトのリーダーを任されたのですか？」
- 「あの方のこれまでのキャリアはどのようなものですか？」
- 「あの方はどれくらい長く今の職務をされているのですか？」
- 「あの方は、これまでどういう成果を上げてこられたのですか？」

- 「あの方が今の役職にあるのは、誰かに目をかけられているためですか？」

中には公式な場では聞きにくい質問もありますので、休憩所とか飲食の場など非公式な場面なども使って情報収集するようにします。このような情報を入手するのは難しいことも多いので、こちらに好意を持っていそうな顧客、少なくとも中立的な顧客から優先的に聞き出すことを始めます。

パワースポンサー以外のキーパーソンの把握も必要です。例えば、顧客の生産管理業務の効率を向上させるツールの購買に関しては、生産管理部門長だけでなく、品質管理の責任者は製品の品質の維持・改善ができるかどうかが関心事なので、この人もキーパーソンになりえます。また、顧客企業の技術標準の遵守の観点から技術管理部の担当者もキーパーソンになったり、購買が適正であるかをチェックする管理部門担当者、さらには一般的でない契約の場合、早い段階から法務担当者もキーパーソンとして巻き込む必要があったりする場合もあります。

キーパーソン識別の抜け漏れが無いように、顧客の組織図にキーパーソ

5-9 キーパソンの組織図への対応付け

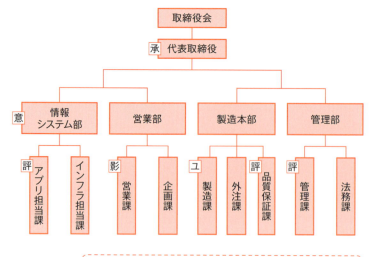

ンの役割を**図表5−9**の例のように組織図への対応付けをして整理してみましょう。

更に、各キーパーソンは職務上の目標だけでなく、パーソナルな目標も持っています。出世志向の強い人は、ソリューションで実現する業務変革の成果を、自分の評価を上げる手段と利用しようと考えるかもしれません。逆に、安定志向で失敗を恐れる人は、こちらからの提案を受け入れるにせよ、拒絶するにせよ、自分の評価が悪くならないことを重要視します。他にも、周囲からの尊敬を得ることを重要視する人や、新技術を試したり難しいプロジェクトに挑戦したりして自分自身のスキルを高めることを追求する人もいます。

顧客のキーパーソンについて調べたことを、以下のような表（**図表5−10**）にまとめます。承認者や意思決定者、評価者、影響者、ユーザーなどのキーパーソンを列挙し、彼らの関心事やこちらに対する認識（ポジ

5−10 キーパソン・リストのサンプル

顧客名	役職	職位	当社に対する認識[*1]	顧客の個人的目標[*2]	当社の訪問頻度	当社の顧客担当者

[*1] ＋：ポジティブ、＝：中立、−：ネガティブ、？：不明
[*2] 記入例：自部門の評価の向上、昇進、社内での影響力拡大、専門家としての名声など

ティブ、中立、ネガティブなど)、個人的目標をこのフォームに記入します。更に、関係維持の状況をみるために、顧客にコンタクトしている頻度も記入します。これを第4章で紹介したアカウントプランに反映し、情報の一元化をし、上司やチームメンバーとの情報共有を図ります。このようにすると、担当者が変わるときも、スムーズに引き継ぎができます。

また決裁のプロセスについて調べたことを図表5－11の例のように文書化します。この情報は後述の案件プランナーに反映します。

大型案件の場合は、複数のキーパーソンに根回ししたり、顧客からの要望に応じて提案内容を何度も修正したり、さらに購買プロセスも比較的複雑であったりと、どうしても案件にかける時間と労力が大きくなります。また、自分だけでなく、他の営業パーソンや社内の技術者、あるいは販売パートナーなど多くの人の巻き込むことも多くあります。そのため、顧客

5-11 購買承認プロセスの例

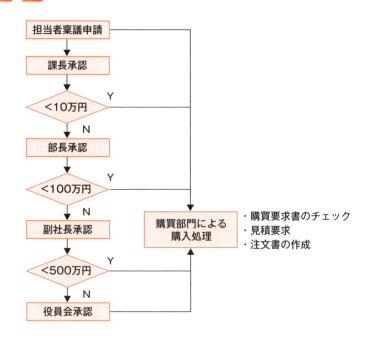

のキーパーソンがわからない、予算感やスケジュール感を教えてもらえないなどの危険な兆候には早めに対処することが重要です。もし、明確にならない場合は、被る被害が大きくなる前に、案件から引き上げる、あるいは案件の優先度を下げる意思決定をすることが必要です。この案件の見込み良さ・悪さの目利きと意思決定の早さが、優秀な営業パーソンとそうではない営業パーソンの違いとなって現れます。

また、営業パーソンはパワースポンサーと Win‒Win のリレーションシップを作り信頼される必要があります。そのためにはパワースポンサーに約束したことは必ず実行するとともに、以下のような営業パーソンの付加価値を示す必要があります。

- 重要なビジネス課題に対するソリューションを提案する
- 重要なニーズの実現を支援する
- パワースポンサーに情報を提供する
    （例：社外の人間として気が付いた点を知らせる、同業他社の事例などに関する情報をいち早く知らせる等）
- パワースポンサーの認知や評価が高まるような支援をする
    （ベンダー主催のイベントでの講演の依頼や、記事体広告での紹介など）

案件機会を確実に前に進めるために

● 案件進捗チェックシート

ソリューションコンセプトに対する同意を顧客からもらい、詳細提案に進めるということは、案件の芽ができたということです。これをうまく育てて、契約にこぎつけるためには、案件を前進させるための策を練って、それをしっかり遂行する必要があります。

図表5－12は、現在の案件の進捗をチェックするための表です。顧客および営業側の活動と完了判定基準を見て、自分の案件がどこまで進んでいるかを客観的に判断します。例えば、本章では初期提案で行う営業活動を説明していますが、顧客のキーパーソンが提案をみてくれるという了承が得られれば、営業ステップ2a、さらにソリューションコンセプトに対して承諾を得られれば営業ステップ2bとなります。

5-12 案件進捗チェックシート

営業ステップ	ステップ1	ステップ2a	ステップ2b	ステップ3	ステップ4	ステップ5
顧客の購買活動	戦略の策定と課題の明確化	解決オプションの評価		ソリューションの選択	懸念事項の解消と購買決定	ソリューション導入と価値の評価
営業活動	顧客のビジネス環境と課題の理解	ソリューションコンセプトの作成		提案ソリューションの最終化	セールスのクローズ	契約内容の実施と顧客満足の確認
完了判定基準	顧客が当社とビジネス関係を持つ価値を認める	顧客キーマンの提案検討への合意	提案内容の方向性についての合意	提案内容への顧客キーマンの暫定的合意	顧客と当社が契約書に捺印	顧客がソリューションの価値を認識
契約までの確度[*1]	10%（発掘中）	25%（要提案）	50%（提案中）	75%（最終提案）	100%（契約）	―（アフターセールス）
自己判定[*2]	☆	☆				

[*2]：完了判定基準を参照し、終了した営業ステップに☆マークを付ける

[*1]：過去の営業活動に関する蓄積データから、成約確率のモデルを作る

　また、この表を使うことで、次の営業ステップの完了基準として求められるアウトプットやそれを得るために必要な活動は何かがわかりますので、ロジカルにステップを踏んでいけば、より確実に案件を成約まで進んでいけます。本書では、営業ステップ1とステップ2にフォーカスして、営業活動として行うべきことを説明しています。営業ステップ3以降で行うべき活動については、筆者の前著『新法人営業マニュアル』（同友館）を参照いただければと思います。

　このチェックシートは、個人商店の集まりのような営業チームにも有効です。それぞれの営業パーソンが自分なりの営業の進捗を判断していると、営業管理者やリーダーは、営業パーソンの「うまくいってます」、「なんとかします」という声に基づいて判断するというなんとも頼りない管理方法になってしまいます。このような進捗チェック表を営業チームで共有

することで、営業チーム内の全ての案件状態を客観的に可視化でき、営業リーダーはより管理がしやすくなります。

なお、図表の中の「契約までの確度」は、案件がどの位の確率で契約にまで持っていけるかを示しています。ここに記載されている数値はサンプルですので、自社の実績データを蓄積し、それに基づいた数値に変更してください。

▶ 案件機会プランナー

初期提案（営業ステップ２）で見出した案件の芽を育てて契約獲得に進めていくためには、漠然と考えたり、勘で動いたりするのではなく、計画性を持って前に進めていくことが必要です。そのためのツールが次に紹介する案件機会プランナーです。案件機会プランナーの目的は案件機会の評価と、成約まで進めるためのアクションを明確にすることです。

アカウントプランはターゲット顧客につき、一つ作成しますが、案件機会プランナーは、ターゲット顧客で起こる案件ごとに作成します（**第４章の図表４－14参照**）。

法人での案件、それも高額案件や複雑な案件は、顧客のキーパーソンが複数人関係することが多く、顧客からの要望も複雑な場合が多いので、案件をうまく管理して、契約にこぎつける必要があります。案件機会プランナーを使うと、成約に向けて、何を押さえながら前に進めばよいのかをチェックでき、成功への確度を高めるための対策が立てやすくなります。案件プランナーに書いた内容は、営業ステップが進むに連れて更新していきます。

このツールを使わずに、勘や思いつきで案件を進める方が楽と思うかもしれませんが、何に気を付ければよいのか、確認すべきことを忘れていないか、などとあれこれ考えるのはかえって大変です。ツールに記入することで、気付きが得られ楽に仕事ができます。

作成したものは上司や先輩、同僚にもみてもらいましょう。自分ひとりで考えているよりも、よりうまく進めるためのヒントやアイデアをもらえることがあります。

案件プランナーのフォームイメージをこれから説明しますが、案件の初期では、案件に関する詳しい情報は十分ではないので、全ての記入項目を

埋めることはできません。逆に、何を未だ記入できていないかを明らかにし、顧客との対話の中で必要な情報を得ていくことにこのツールの有用性があります。営業ステップ2で作成した案件プランナーを、ステップ3、ステップ4へと案件を進展させる中で修正、追記していきます。

　それでは次に案件プランナーのフォームイメージとして、記述すべき項目とその内容を説明します。

【案件基本情報】
- 顧客名、案件名
- 案件チームのリーダー名、メンバー名
- 主な競合相手
- 予想売上額、契約予定日
- 現在の営業ステップ
- セールスステップの項には現在の営業ステップの番号を記します。
- 契約獲得確度

確度は、案件進捗チェックシート（**図表5－12**参照）を参考に、契約がとれると思う確率を記入します。これは商談が進むにつれて、更新していく必要があります。

【案件に関する顧客のニーズ】
- 案件に関する顧客の課題概要

　　営業ステップ1から確認してきた、顧客のビジネス目標や戦略から始まり、その実現に関する課題の概略を記入します。ここが明確になっていないと課題発見型営業はできません。もし、よくわからない場合は、まだ営業ステップ1が完了していないということです。ここをおろそかにして無理に先に進んでも、提案する解決策が顧客のどういう課題と関係するのかわからないなど、後で行き詰まってしまいます。

　　また、課題に取り組まざるを得ない事情を明らかにすることが重要です。すなわち、なぜそれが課題なのか、その課題を今、解決することが顧客にとっていかに重要であるかを明確にします。

- ソリューションに対する期待
    機能や価格、品質、納期などに関する顧客の主な要望を記述します。

【顧客キーパーソン】

以下を列挙したキーパーソン一覧（**図表５－10参照**）を記載する。
- 提案を好意的に支援してくれる組織、人物は誰か？
- 逆に反対するアンチマンは誰か？
- 最終的な「意思決定者」は誰か？
- あなたの提案の「評価者」は誰か？
- あなたの提案の「承認者」は誰か？
- あなたの提案の「利用者（ユーザー）」は誰か？
- 上記の人々に影響を与える人（インフルエンサー）は誰か？

キーパーソンを組織図にマッピングしたもの（**図表５－９参照**）を記載する。
もし顧客社内のパワーバランスが自社に不利な状況であった場合、それを打開するために必要アクションを後述のアクションプランに記入します。

【購買承認プロセス】

顧客の購買承認プロセスを記述します（**図表５－11参照**）。

【提案ソリューションの概要】

営業ステップ２の主な目的は、ソリューションコンセプトを作成することです。下記の表に、ソリューションコンセプトの要点を記入します。ソリューションそのものの説明だけでなく、それが提供できる価値も記します。この価値は、簡潔に書けなければ、顧客にも説明できないので、明確になっているかどうかを確認する必要になります。
また、営業ステップが進むに連れて、提案内容の修正が入るのが一般的ですので、それに合わせて適宜、内容を更新します。

- 今回の提案は、顧客のどのような課題を解決するものか
- それは、顧客にどのような価値を提供するか

- 顧客の課題を実現するための解決策は、端的に言って何か
- 提案内容を適用する範囲（組織の範囲や業務の範囲）はどこまでか
- 投資対効果はどうか
- どの部門の誰に提案するか
- この課題に最優先的に取り組むべきだと考える根拠は何か
- どのようなきっかけに合わせて提案しようとしているか（例：現在の機器の更新時期）
- 提案しようとしているソリューションに対する代替案はどのようなものが考えられるか
- どういう理由で、提案しようとしているソリューションがベストだと判断したか
- 競合他社名、商品・サービス名は何か
- 競合他社の強み・弱みは何か
- 競合他社の提案に対する当社の提案の差別化要因は何か
- 顧客が、当社の解決策を購入しようと思う理由は何か（例：合理性、実績、技術力など）
- 提案するソリューションに対して、顧客が受容れにくいと思うような事柄には何が考えられるか（顧客社内の反対意見、心理的抵抗、提案価格と予算のギャップ、顧客が希望する時期と当社が提供可能な時期のギャップ、強力な競合企業の存在など）。

上記のソリューション関連の記述を十分に書けない場合、書けるようになるための必要アクションを後述のアクションプランに記入します。

【顧客キーパーソンの懸念事項】
　顧客と win-win な関係で契約まで案件を進展させるには、営業活動を通して顧客が示す懸念事項をうまく解消していくことです。それを放置しているといずれどこかで問題として噴き出してきて、契約にいたらなくなってしまう恐れがあります。
　そのため、例えば、次のような質問を自問自答して、顧客が懸念を抱いていないか確認してみます。

「提案内容は顧客の課題と整合性があるか？」
「顧客の求める機能や制約条件を満たしているか？」
「必要とされる成果を挙げられると確信できるか？」
「投資対効果にどの程度、確信があるか？」
「ソリューションの構築や現場への展開、活用の実行に確信を持てるか？」

パワースポンサーやその他のキーパーソンからの懸念は、忘れないように、案件機会プランナーに書き留めるとともに、リスクの評価もします。

- パワースポンサーの懸念
    概要と案件獲得に対するリスク
- その他のキーパーソンの懸念
    概要と案件獲得に対するリスク

顧客の懸念に対する対処は、次の「案件に関するアクションプラン」に記入し、その実施を管理します。

【案件に関するアクションプラン】

案件機会プランナーを記入しようとすると、よくわからない点、更に確認すべき点などが出てくるのが通常です。ここまで記入するにあたって気が付いたアクションをとるべき事柄をここにまとめて記述します。

- アクション
- アクションをとるための前提条件、必要なリソース
- アクションをとる責任者
- 実施期日
- 現在の状況

第5章のまとめ

1 初期提案では顧客の「不要の壁」を乗り越える

壁の理由1：課題そのものが未だ固まっていない
壁の理由2：解決策が顧客にとって魅力的でない

2 ソリューション営業もどきの提案は、本質的に製品を前面に押し出した昔ながらの営業法と同じ

これを脱却するには、顧客視点で課題発見・確認を行うPOLO法を活用する

3 自己中心的な提案で自分の都合を顧客に押し付ける提案になっていないか再検討する

POLO法を活用するとともに、営業パーソンに対する現在の評価法がそのような営業法の原因になっていないか見直してみる

4 ソリューションコンセプトでカバーすべき主な項目は4つ

1. 解決方針　2. 対象範囲　3. 解決策の概要　4. 他の解決策との比較
「解決方針」と「対象範囲」は案件の規模決定に大きな影響がある

5 顧客のニーズを満たし、案件規模を大きくする提案のひとつは、パートナー企業のソリューションと組み合わせた総合的なソリューション

普段からパートナー企業のソリューションにも目を配っておく

6 直近の解決策だけでなく、将来のあるべき姿を提言し、そこへ至るロードマップも提案することも案件規模を大きくするのに有効

将来のあるべき姿の描き方と将来のあるべき姿に到達するためのロードマップ作成法を活用する

7 効果的な初期提案のためには、その内容だけでなく、伝わるように説明する力も必要

次の3つが大切
1. 顧客の課題解決に貢献したいという熱意　2. 論理性、わかりやすさ　3. 時間管理

8 真のキーパーソンを漏れなく押さえて効果的な営業を行う
キーパーソンのお客様組織図への対応付けを行いキーパーソン一覧表を作成する

9 案件機会を契約獲得まで進展させる確度を高めるためにツールを活用する
案件進捗チェックシートと案件機会プランナーを利用する

CMBOI法で
一挙に多くの
案件機会を発掘する

第6章

第3章から第5章にかけて説明したPOLO法は、こちらから顧客にアプローチして経営改革や事業革新に関連するような課題の発見・整理の支援を行うことを通じ、大きな案件を発掘する方法でした。
　それに対して本章で説明するのは第2章で概略を説明したCMBOI法による案件発掘法です。こちらは大きな案件というより、数多くの案件を発掘して、総額で大きな金額を狙う手法です。POLO法との共通点は、全くの新規の顧客に対しても適用しやすいことです。
　CMBOI法は筆者が命名したもので、Capability Maturity Based Opportunity Identificationの略です。直訳すると、能力の成熟度に基づく案件機会の識別のことですが、端的に言えば、成熟度診断を用いた案件発掘法です。成熟度とは能力のレベルや取り組みの状態を何段階に分けて定義した指標です。
　営業ツールとして成熟度診断を用いているベンダーをよく見かけます。顧客が興味を持つようなテーマに関して成熟度診断を実施することを提案し、その実施結果で見出した課題に対して提案活動をしていきます。例えば、「働き方改革をテーマに成熟度診断を行うことで、お客様はこの取り組みに関する自社の立ち位置や改善すべきことがわかります。しかもこれを無料で行います。」というように顧客にもちかけます。無料であり、準備や診断へ参加する時間がそれほどとられないのであればやってみようかと思う顧客は多くいます。私自身、日本アイ・ビー・エムにいた頃は、企業全体のITインフラの成熟度診断ツールの開発のリーダーを務め、それを営業ツールとして社内に広めるとともに、自分自身でも数百社に対して適用しました。効果は非常に高く、成熟度診断を実施するたびに多くの案件機会を発掘することができました。その有効性が認められ、英語に翻訳して海外のIBMにも展開しました。
　このように成熟度診断はよく営業の中で使われていますが、成熟度診断ツールをどうやって作るのか、あるいはそれを顧客にどう適用するかについて体系的にまとめられたものがこれまでありませんでした。そこで筆者の経験に基づいて体系化した手法がこのCMBOI法です。
　なお、このアプローチはチームで協力しながら成熟度診断ツールを作成するのが通常です。営業管理者やリーダーの方にはぜひ読んでいただき、このようなツールを自分のチームでも作ってみることを検討して欲しいと

思います。逆に言うと、営業担当者ひとりでは通常作成することは困難なので、営業担当者の方はこの章を飛ばしてもらってもかまいません。

成熟度診断の営業と顧客にとってのそれぞれのメリットとして、次のものがあげられます。

【営業にとってのメリット】

> - あるテーマに関する診断ツールを作れば、新人でもコンサルティング営業ができる
> - 無料のコンサルティングなので、新規顧客でも実施の合意を得やすい
> - 一々、顧客の課題に関する仮説を立てなくてもよく、事前準備が楽なので数をこなせる
> - 実施すればするほど、診断結果が集まり、業界の平均値に関する知見など、成熟度診断の精度を上げられるようになる

【顧客にとってのメリット】

> - 無料でコンサルティングをしてもらえる
> - 既に意識している課題だけでなく、未だ意識していない課題も発見できる
> - 関係者が参加することで、課題や課題の優先度に関する社内の合意形成ができる
> - 同業他社との比較ができる

次に成熟度診断を営業の観点から詳しくみていきます。

営業ツールとしての成熟度診断とは

成熟度診断は**図表6-1**のように、ある業務がどれだけ効率的あるいは効果的に実施されているかについて、現状のレベルと目指すべきレベルの間のギャップを明らかにする手法です。

この診断は特に、数字で測定しにくいものを客観的に把握するのに向いています。例えば、営業力や働き方改革の進み具合、セキュリティ強化への取り組み度、人工知能の活用レベル、グローバル化の程度、社員の幸福度、新入社員の仕事の出来具合などです。このようなテーマの場合、成熟度というモノサシを定義して、それを使って現状の良し悪しや過去との比較ができます。詳しくは後で説明しますが、成熟度の評価軸としては、標準化のレベルや組織的管理の程度、ベストプラクティスの活用のレベル等

6-1　成熟度診断とは

- ある業務がどれだけ効率的あるいは効果的に実施されているかについて、現状のレベルと目指すべきレベルの間のギャップを明らかにする手法
- 数字で測定しにくいものを客観的に把握できるようになる
  - ▶ 基準と比較して、現状の良し悪しを判断できる
  - ▶ 過去と比較できる
- 成熟度の評価軸としては、標準化のレベルや組織的管理の程度、ベストプラクティスの活用のレベル等がある

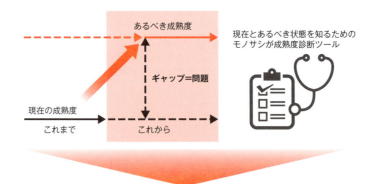

があります。

　逆に、売上高や利益、市場シェア、製品の性能（例えば、パソコンのCPU：MHz、ネット回線の通信速度：Kbp）、工具の作業スピードなどは調査したり測定したりすれば数値化できるので、わざわざ成熟度を定義する必要はありません。

　なぜ測定しにくいものを測ろうとするのでしょうか？その理由を端的に表しているのは、統計的品質管理で有名なデミング博士の「測れないものは改善されない」という言葉でしょう。デミング博士は戦後、日本の経営者に「統計的品質管理」を教えた人で、日本の製造業はこの教えにより、高品質を強みとして獲得し、大きな経済成長を実現できました。日本にとっては大恩人です。勘や思い付きで改善しようとするのではなく、成熟度診断のように測れなかったものが測れるようになることで、これまでロジカルな方法で改善できなかったことでも改善ができるようになります。

　案件機会の発掘ツールとしてこの成熟度診断を活用すると、次のようなアプローチになります。

- 顧客の興味があるテーマに関して成熟度診断を行う
- その結果を使って、顧客の現状とあるべき姿のギャップを顕在化させ、課題を明確化する
- その課題を解決する提案機会を得る

　では、成熟度診断により案件を発掘する例をここで紹介しましょう。**図表6－2**は情報セキュリティの取り組み度合いに関する成熟度診断の流れです。

　まず、成熟度診断を行うことを顧客に勧め、承諾いただいた顧客と診断を実施します。情報セキュリティというのは、何をどこまで行えばよいのかがよくわからないテーマで、どこまでやってもキリがないという面もあります。そのため、診断の実施に合意する企業は多くあります。

　この際に使う成熟度に関する質問票の例は**図表6－3**です。顧客に各質問の意味を説明し、現在の自社の成熟度レベルと将来あるべき成熟度レベルを回答してもらいます。また、単にレベルについて回答してもらうだけではなく、現在の環境や困りごと、ニーズなど、質問に関連する顧客の発

言も得るようにします。

　この回答結果を持ち帰り、**図表の６－２**のように分析結果を可視化した資料を作成します。また、分析結果からどこを改善すべきかの提案を**図表６－４**の吹き出しのようにまとめます。

　上記の分析結果をまとめた報告書を顧客に説明し、顧客から改善策提案実施に対する承諾を得ます。ここからは通常の提案活動と同じですが、成熟度診断を実施すると、通常複数の提案機会が得られるので、診断の実施

6-2　成熟度診断による案件発掘のイメージ

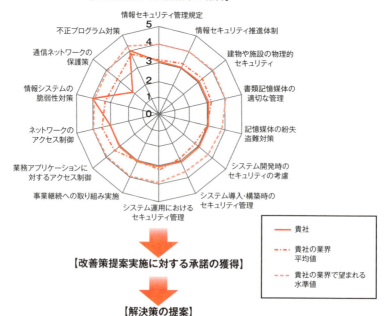

6-3 成熟度診断シート例

情報セキュリティ診断の例

	質問	現状 0,1,2	将来 0,1,2	メモ
1	情報セキュリティへの対応状況（全般）			
1.1	セキュリティ・ポリシーが策定され、定期的に更新されていますか？			
1.2	プライバシーマークやISMS認証の取得など、コンプライアンス順守に取り組んでいますか？			
1.3	セキュリティ教育を全社員に対して実施し、その進捗具合を管理していますか？			
1.4	セキュリティ強化のためのツールやサービスの導入は、優先順位に基づいて計画的に行われていますか？			
2	サーバーセキュリティ対策			
2.1	サーバー上の重要なデータの暗号化は行なっていますか？			
2.2	サーバー上の重要なデータのバックアップファイルは暗号化して、保管していますか？			
2.3	ミッションクリティカルなサーバー（財務会計系サーバー、個人情報等重要情報があるサーバー）に対する認証やアクセス制御の認定、ログの取得を行なっていますか？			
2.4	サーバーやネットワーク、アプリケーション、データベースなどのログを一箇所で統合管理し、リアルタイムに監視できる仕組みはできていますか？			
2.5	社内の業務アプリケーションで使用するユーザーIDやパスワードのライフサイクル管理を行なっていますか？ （例：退職した社員のユーザID、パスワードは速やかに使えないようにする。あるアプリケーションでのパスワード変更に伴い、他のアプリケーション上のパスワードも変更を行う。）			
2.6	サーバーにセキュリティパッチを確実に適用していますか？			
…	………			

【回答の選択肢】

2	：実施済み
1	：一部実施
0	：未実施
NA	：適用外

メモの記入について

現状が1または2の場合、どのように対応しているのかを記入（例：導入されたツールや策定した資料とその周知徹底方法）。
現状が0または1で、将来も同じ場合、その理由を記入。

6-4 診断結果に基づく改善策提案のイメージ

特に改善の優先度が高い事柄について、改善策を推奨する

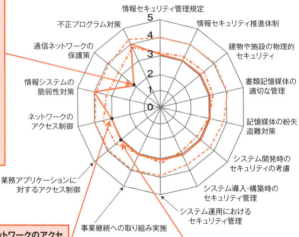

【成熟度診断の実施結果の報告】

> 外部のネットワークから内部のネットワークへのアクセスにはVPNを用いて暗号化した通信路が使用されています。
> 内部のネットワークにおいても重要な通信はVPNを導入して経路を暗号化したり、スイッチングハブなどを用いて部門ごとにネットワークを分離するなどの対策が必要になります。

> ネットワークのアクセス制御は、ファイルサーバのフォルダ管理と同様にして、ネットワークサービスの制限を検討する必要があります。
> （詳しくは、業務アプリケーションに対するアクセス制御を参照ください）

> 基本的なアクセス制御はされていますが、次の事柄について、強化が必要です。
> - 必要以上の権限付与がないかなど、利用者に与えたアクセス権を定期的にレビューする（職務の変更や異動によって、本来アクセス権限が無くなったはずのユーザーが、異動前のアクセス権で元の部署の情報や業務アプリケーションにアクセスできてしまう事態を防ぐ必要があります。そのためには、人事異動の際に、ユーザーのアクセス権限を適切に変更するとともに、アクセス権設定の範囲が適切か、定期的に見直す必要があります。）
> - 特に重要な情報を格納した情報システムについては、一度のアクセスでの利用時間の制限などのアクセス条件による制御を行う。
> - 全てのシステム又はサービスへのアクセス権の割り当て又は無効化のために、全ての正規利用者に対するアクセス権の提供を実施する。

に手間をかけても効果的な営業法といえます。ただ、案件の取りこぼしがないように営業活動を進めていくことに注意する必要があります。

成熟度診断による案件発掘の流れ

案件発掘のための成熟度診断の流れを、ステップ別により詳しくみていきましょう（**図表６－５参照**）。

● ステップ１：ターゲット顧客への成熟度診断の実施提案

成熟度診断は診断の実施や診断結果のまとめの作成など、実施に手間がかかるので、むやみやたらと提案すればよいというわけではありません。この顧客はこれまで取引がないのでぜひ案件を発掘したいとか、自社の重要顧客での顧客内シェアのアップを狙いたいなど、どの顧客をターゲットにするかまず決めます。

成熟度診断を提案すると、比較的高い確率で顧客から実施の承諾を得ることができます。顧客が実施に同意する理由として多いのは次の４つです。

1. 成熟度に関して、業界標準との差異を知ることに興味がある
2. 無料でそれほど時間もかからない
3. 漠然と課題を意識しているが、どう明確化すればよいかわからないので、その方法を知りたい
4. 社内でさまざまな意見がばらばらに出ており、診断を使って社内意見の統一を図りたい

ただ注意すべきは、ターゲット顧客に実施提案をして了承が得られそうでも、安易に実施を請け負わないことです。以下の条件が満たされるかを確認してから請け負うかどうかの判断をします。もし次の２つの条件が満たされないと、営業活動としては徒労に終わってしまう恐れがあります。

1. 顧客キーマンからの診断実施に対する支持がもらえるかどうか
   役職者から成熟度診断実施への支持をもらい、診断終了後、結果を報告する了承をもらえるかどうかがキーです。このお墨付きが無かっ

6-5 成熟度診断実施の流れ

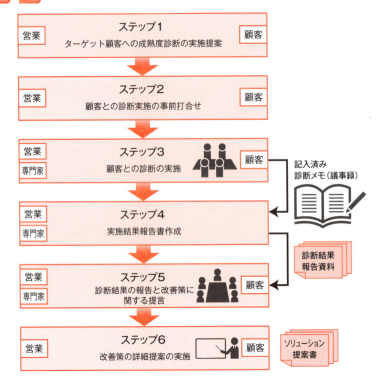

ため、顧客の診断への参加がおざなりになったり、顧客担当者の単なるお勉強に終わってしまったりした苦い経験があります。逆に役職者自身の参加や診断結果のレビューが決まっていると、顧客担当者の診断への参加は真剣なものになり、効果的な診断を実施できます。

また、診断結果を役職者に見てもらうことができると、成熟度を上げるための改善の施策が必要かどうかの意思決定をしてもらいやすくなり、営業の観点からは良質な案件機会を発掘しやすくなります。

2. 顧客の投資計画、実行計画に反映させる流れを描けそうか

それほど案件の金額が高くなく、顧客の予算の残りの枠内で対応できる場合は問題ないですが、ある程度の金額の案件を発掘しようとすると、顧客の予算計画に入れてもらわなければなりません。

実施の結果、ある程度の投資が必要となった場合、どのようなプロセスとスケジュールで予算に反映できるのかを知る必要があります。これを確認しないと、実施結果に基づいて提案しても、予算編成プロセスに反映できるのは当分先で、営業の観点からは、この顧客への提案活動の優先度を下げざるを得ないということが後でわかることにもなりかねません。そうなると、診断にかけた時間が無駄になってしまいます。

　もしも顧客から「診断を実施するのは、業界における当社の立ち位置を知りたいだけで、おたくから何も買わないよ」と言われても、その時は「はい、結構です」と言ってしまいましょう。私の経験では、最初はそうは言っていても、診断を実施し、その結果の報告の際に、改善策を提案することを拒否されたことはありません。要は、上記の2つの条件を確認できれば、この時点では問題ありません。

● ステップ2：顧客との成熟度診断実施の事前打合せ

　ステップ1で顧客から診断実施の合意をいただけたら、顧客と営業側の双方にとって意義のある結果を出せる診断を行うために、以下のように顧客担当者と事前打ち合わせを行います。

- ●アウトプット・イメージの確認
　成熟度診断のアウトプット・サンプルなどを見せ、どのような診断結果が出てくるのかについて、顧客とのボタンのかけ違いがないようにします。顧客にとって利用価値が低いアウトプットでは、診断実施に関する顧客担当者の面子を潰してしまいますのでよく確認します。
- ●診断対象の範囲
　先ほどの情報セキュリティに関する成熟度診断を例にとると、全社を対象にするのか、一部門を対象にするのかといった診断の対象とする範囲を決めます。この範囲をどう決めるかにより、当然、顧客の診断への参加者が変わってきます。
　営業側から見れば基本的に範囲が広ければ広い程、診断の結果、規模の大きな提案につなげやすくなります。また、部分最適はできていて

も会社全体で最適化できている企業は少ないので、診断の結果、全社最適化をしましょうといった改善策を提言しやすくなる傾向があります。

ただし、範囲を広くしたため、あまりに参加者が多くなり、診断で合意に達するのに時間がかかってしまう場合もあるので、どれ位の範囲にするのが適切かを顧客担当者とよくすり合わせる必要があります。私の経験では参加者が5、6名くらいまでだとやりやすいですが、10名を超えると効率よく進めるのは難しく、無料で簡便に行うという趣旨に合わなくなります。

- 成熟度診断への参加者候補

診断での質問に回答してもらえる人に参加してもらう必要があるのは勿論ですが、診断の結果、改善施策を提言し、それを円滑に実施してもらうためにも、参加者を慎重に決めてもらう必要があります。実際、「診断に参加していなかったので、私は聞いていません」といって、診断の結果に基づく改善策の実施に抵抗を示す人が出た顧客もありました。そのような可能性のある人は診断に参加してもらうようにします。

また、できるだけ役職者に出席してもらうことをお願いします。役職者が参加していると真剣な診断セッションになり、診断結果に基づく改善提案も、役職者による意思決定が得られ、案件化されやすくなります。

- 診断実施スケジュール

顧客の事業計画や予算策定時期との兼ね合い等を聞きながら、実施日を決めます。時間も、関係者が大きな支障なく参加できる時間を決めます。

- ビジネス課題

顧客の抱えている課題をできるだけ事前に聞くようにします。顧客が問題と感じているところがわかれば、成熟度診断で、それに関する診断を深堀することが可能になります。

▶ ステップ3：顧客との成熟度診断の実施

単に現状とあるべき成熟度を知るための診断を実施するだけではなく、顧客との活発な診断セッションを行い、顧客の置かれている環境やニー

ズ、悩みなどに関する情報も入手することを心がけます。そのためには、顧客の会社のホームページを見たり、業界の最新動向をインターネットや雑誌等で事前に調べたりして、セッションを盛り上げるヒントがないかチェックするのもよいでしょう。慣れない内は社内でリハーサルを行い、特にセッションの導入部がスムーズにいくように練習をします。また、関係の良い顧客があれば、そこで先ずはパイロット的に実施して、経験を積むのもよいでしょう。

　診断セッション法には以下のように主に2パターンがあります。

【パターン1：営業パーソンがファシリテーターを務める】

　営業パーソンがファシリテーターを務めます。テーマに関する詳しい知見が必要な場合は、その専門家にも同席してもらい、診断項目に関する解説を加えたり、顧客参加者からの質問に答えたりなどをしてもらいます。顧客の発言は録音・録画し、後で報告書を作成する際に視聴できるようにします。録音・録画をするにあたっては、顧客の了承を取り、セッション後、用が無くなったら責任をもって削除するようにします。

【パターン2：テーマに関する専門家がファシリテーターを務める】

　テーマに関する知見が必要で、顧客からも専門的な質問が出るような場合、そのテーマに関する専門家がファシリテーターを務め、営業パーソンは書記を務めます。書記は、顧客の成熟度に関する回答だけでなく、セッション中に出た顧客の置かれている環境や、問題意識、ニーズなどに関するコメントを記録します。

　ファシリテーターとは一般に議事進行役のことです。成熟度診断においては、診断項目ごとに顧客に現状と将来のあるべき成熟度を答えてもらうセッションの進行役を務めます。成熟度診断を活性化し、効果的なセッションにするには、ファシリテーションのスキルが鍵となります。成熟度診断におけるファシリテーションの仕方に関するキーポイントは後程、詳しく説明します。

　顧客から各診断項目について回答してもらった後、その改善の優先度についても答えてもらいましょう。そうすることで、顧客は数ある改善が必

6-6 診断結果を提案活動に繋げる工夫
～ 課題に優先度をつける ～

どこの企業も人・モノ・カネ・時間には限りがあるので、診断の結果でてくる改善が必要な課題の内、どれが優先度が高いのかを決定する必要がある。
優先度を決める手段として、緊急性、効果、負荷の3つの軸で決めると効果的なことが多い。

緊急性	定義例
High	緊急性が高い（1年以内に実施開始）
Medium	緊急性は中程度（1年-2年で実施開始）
Low	緊急性は低い（3年以降で実施開始）

効果	定義例
High	効果が大である
Medium	効果が中である
Low	効果が小である

負荷	定義例
High	実現する上での負荷が高い
Medium	実現する上での負荷が中程度（できそうなレベル）
Low	実現する上での負荷が低い

要な事柄の内、どれから優先的に手をつければよいかの判断がしやすくなります。営業する側にとっても、どの改善提案が営業機会になりやすいかがわかるようになります。

　図表6-6は優先度を緊急性と効果、負荷の3つの要素で判断する場合の定義例です。私の経験では、この3つで判断するのがしっくりくると仰る顧客が多かったですが、診断セッションを始める冒頭で、顧客参加者とどのような定義が良いかについて打ち合わせます。

● ステップ4：成熟度診断実施結果の報告書作成

　成熟度診断の結果を社内に持ち帰り、顧客に報告するための資料を作成します。基本的に次の3点をまとめていきます。

1. 診断項目ごとの顧客の回答を要約
2. 改善が必要な事柄の分析
3. 改善のために提案できる事柄の選定

6-7 成熟度診断の結果要約例

【1. 診断項目ごとの顧客の回答を要約】

顧客の回答を要約します。診断セッションで出た回答の要約のサンプルイメージは**図表6－7**です。ちなみにこの例では、成熟度のレベルだけでなく、そのレベルが現状どこまでの組織的範囲で行われており、将来、どこまでの組織的範囲まで広げるべきかについても評価しています。

【2. 改善が必要な事柄の分析】

この回答結果から改善すべき項目を選ぶにあたって、以下の観点から検討します。

- 現状とあるべき成熟度のギャップが大きい、あるいは業界平均よりも比較的低い成熟度の事柄はどれか
- 現状と最適化すべき組織範囲のギャップが大きい事項はどれか
- 改善の優先度（緊急性、効果、負荷）が高い事項はどれか

業界標準の成熟度は、公表されているものがあれば、それを利用するとよいでしょう。例えば、先の例として使った情報セキュリティの成熟度に関しては、官公庁系の組織やIT系の調査会社などから成熟度レベルに関する統計値が出されています。そのような外部資料が存在しない場合は、自社で成熟度診断を実施した結果を蓄積し、それにより平均値や最高値、最低値などを得るようにする必要があります。このための社内の仕組み作りについては、後ほど説明します。

【3. 改善のために提案できる事柄の選定】
上記のように改善が必要な事柄を列挙した後、営業として顧客に提案できるソリューションは何かを決めます。成熟度診断での改善策はある程度パターンが決まっていることが多いので、後で述べるようにソリューション集のようなものをチームで用意し、共有するようにすれば、この報告書作成作業を効率化できます。

改善策の説得性を高めるには、セッションでの顧客の声を活用することがコツです。顧客も自分の発言なので反論できません。このためにもセッションにおける書記の役割は大切です。改善策の記述にあたっては、顧客の現状の成熟度であり続けるとどんなデメリットがあるのか、また改善策により何がよくなるのか、期待される効果は何かを明確にします。

▶ ステップ5：成熟度診断結果の報告と改善策に関する提言

診断結果の報告書を作成したら、いよいよ顧客への報告となります。資料は事前に顧客へ送るほうがよいでしょう。客観的な事実を報告することは大切ですが、地位が高い人が出席するミーティングでのサプライズを嫌う企業は多くあります。たとえば、顧客の問題点を無用に刺激するような言葉使いになっていないかなど、顧客担当者が事前チェックをしたいと言われることがよくあります。また逆に、第三者の意見としてこの課題は強

調してほしいと担当者から要望が出ることもあるので、このような意味合いでも事前に送る方がよいでしょう。

　診断結果を報告し、顧客から「ありがとう、お疲れ様でした」で終わってしまうのは営業としては最悪です。診断で発見された顧客の課題に関して、どんな提案ができるのかをしっかり伝え、今後提案することに対して了承を得ることが、この報告会のアウトプットとして獲得しなければならないことです。さもないと時間と労力をかけて成熟度診断を実施したことが無駄になってしまいます。また、複数の提案がある場合、どの提案を優先的にして欲しいという要望があるかどうかについても確認します。

▶ ステップ６：改善策の詳細提案の実施

　診断結果の報告で顧客から得た合意に従って提案活動を行います。ここからは、通常の提案活動になります。

　特に新規の顧客の場合、成熟度診断を契機になるべく顧客のところに顔を出し、リレーションシップを作ることも大切です。その意味では、商品の提案ばかりでなく、先進事例などに関する情報提供やデモの実施、顧客との共同勉強会なども申し出ることを考えると良いでしょう。せっかく成熟度診断を実施して、新規顧客で提案する機会を得ても、そのあと、ほとんど顧客を訪問せず、疎遠になってしまうのはもったいないことです。

成熟度診断ツールの作成法

　成熟度診断の実施に必要なツールとその作成方法を説明します。最初に作成する際は大変ですが、一旦作ってしまえば、比較的営業経験の少ない人も含め、皆で活用し、効率の良い活動をすることができます。

▶ 成熟度診断用に作成するもの

　案件機会を発掘するための成熟度診断用に準備すべきものは以下です。

- 成熟度診断用ツール
　　成熟度の定義を記したパワーポイントやワード、エクセルなどで作成した文書です。たとえば図表６－３のような資料です。顧客との診

断セッションでは、この資料を使いながら、診断項目ごとに、何を診断するのかについての説明をして、現状とあるべき成熟熟度レベルを回答してもらいます。

　このツールは基本的に顧客へ見せるだけで配布はしません。というのは、成熟度診断資料はせっかく作成した知的財産であり、競合他社などに流出することを防ぐ必要があるからです。

- 診断結果の記入表

　書記が顧客の成熟度に関する回答を記入したり、顧客の主だったコメントをメモしたりするためのワークシートです（例：**図表６−７**）。

- 成熟度を上げるためのソリューション集

　診断結果に基づいて、提案するソリューションはパターン化できるので、診断項目ごとに、現状のレベルをあるべきレベルに引き上げるためのソリューションをチームで作成し、虎の巻として共有します。そうすることで、診断ごとに営業パーソンのそれぞれが一からソリューションを考える手間を削減できます。**図表６−13**はソリューション集のイメージ例です。

　成熟度診断ツールとソリューション集の作成方法について次に説明しますが、作成にあたっては、初めから完璧な診断ツールを作ろうとパーフェクトを目指す必要はありません。アカデミックな研究をしている訳ではなく、あくまで営業として案件機会を発掘するためのツールを作成しようとしているのです。顧客にとって有益な気づきを提供できるものができればいいくらいの気持ちで始めればよいのです。タイム・イズ・マネーです。競争相手に後れをとらないためにも、早く作って早く外に打ってでるのが肝心です。

▶ 成熟度診断用ツールの作成

作成は次の手順で行います。

- 成熟度診断を行うテーマを決める
- テーマを構成要素（診断項目）に分解する
- 成熟度のレベル分けを定義する

【成熟度診断を行うテーマを決める】
　テーマを決めるにあたっては次の３点を考慮して、選ぶ必要があります。営業チームとして活用する診断ツールのテーマ決めなので、営業管理者やリーダーがこの決定を主導します。

1. 自社の商品・サービスに関連するテーマ
　　テーマを狭くしすぎると、顧客にとっての診断の良さを出しにくくなり、単なる売込みのためのツールという印象が強くなります。逆にあまりに広すぎるテーマを選び、自社の商品・サービスと関連しない領域が多くあるような診断ツールを作っても、営業的には効率が悪くなってしまいますので、自社に合った適切なテーマを慎重に選定します。
2. 顧客からの診断の需要があるテーマ
　　当然のことですが、顧客の興味を惹くテーマでないと、診断の承諾を得るのが難しくなります。やはり旬のトピックが向いていると言えます。例えば、IT関連では、少し昔は仮想化、その後、クラウド活用、そして最近ではビッグデータ、IoT、AI・機械学習など、その時々のブームがあり、世の中で話題になっているテーマに関して、ぜひ我が社の成熟度はどうかを知りたいという企業は沢山あります。また、セキュリティやコンプライアンス、コスト削減など企業にとって永遠の課題ともいうべきものも、テーマに適しています。
3. 成熟度診断の内容を決める情報を集めやすいテーマ
　　どこの企業も多大な時間と労力をかけて成熟度診断ツールを作成するのは困難です。そのため、自社に深い知見があり、自力で成熟度モデルを決定できるテーマがあればそれを選ぶとよいでしょう。そうではない場合、社外から情報を得やすいテーマを選ぶ必要があります。例えば、業界標準やデファクトスタンダード、ベストプラクティスに関する情報を手に入れやすいであるとか、官公庁や学会、標準化団体、調査会社の資料などを手に入れやすいと、成熟度モデルを作成しやすくなります。

【テーマを構成要素（診断項目）に分解する】
　テーマが決まったら、それを構成要素、すなわち診断項目に分解します

（**図表6-8**参照）。ここから先は、成熟度診断作成のチームを作り、そのチームが中心となって作業します。私の経験では、このチームは3,4名の少人数チームでするのがよいと思います。一般的に成熟度モデルは、科学的な部分とアート的な部分が混在したものであり、成熟度診断の項目をどのように分けるかは、最終的には恣意的に決めざるを得ない部分が残ります。そのため、あまりに多くのメンバーで診断ツールを作ろうとすると合意をとりながら効率的に作業を進めるのが難しくなります。

第3章POLO法のロジックツリー作成のところでMECEの説明をしましたが、診断項目の分解の際には、診断項目はMECEになっていることが理想です。漏れなくダブりがなくなっていることで、網羅的かつ効率

6-8 成熟度モデル作成についてのヒント

- テーマを構成要素(診断項目)に分解する
- 抜け漏れやダブりがない（MECE）ように分けるのがベスト
- 3つの分解方法
  - すでに存在するフレームワークを利用する（そのまま使うか、修正して使う）
  - 自分なりにトップダウンに分けて考える
  - ボトムアップに整理して考える

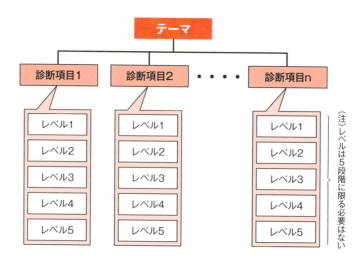

(注) レベルは5段階に限る必要はない

な診断ができます。

　先にも述べましたように、営業用のツールとしての成熟度モデルを定義するのに、完璧さや厳密さを追求するのはお勧めしません。また、どこまで詳細に成熟度モデルを作るかは、成熟度診断の目的や対象ユーザー、そして、診断ツール作成に使える時間などによります。あまりの数多くの診断項目に細分化すると、それで成熟度を判断するのに時間がかかり過ぎ、営業ツールとしては適さないということにもなります。

　上記を前提として、テーマを診断項目に分解するには主に3つの方法があります。

1. すでに存在するフレームワークを利用する

　　官公庁や学会、標準化団体、調査会社、識者などが公表している資

6 - 9　成熟度モデル例

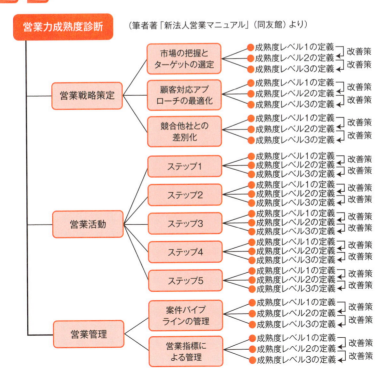

（筆者著「新法人営業マニュアル」（同友館）より）

料から活用できそうなフレームワークを探し、そのまま使うか、あるいは修正して使います。**図表６－９**は筆者が作成した営業力の成熟度モデルです。前著『新法人営業マニュアル』ではこのモデルに基づいて、営業力を強化するための方法を網羅的に説明しました。このモデルを作成するにあたって、営業活動については、世に知られている標準的な営業活動ステップのモデルを参照し、営業戦略策定に関しては事業戦略策定に関する教科書を参照するなどして作成しました。

2. **自分なりにトップダウンに分けて考える**

　参考になりそうなものが無い場合、自分で考えるしかありません。トップダウンで構成要素（診断項目）に分けるには、第３章の**図表３－25**にあるような視点で分けてみると、手がかりを得やすいでしょう。

3. **ボトムアップに整理して考える**

　最後の方法は、ブレインストーミングのように、とりあえず思いつく診断項目をばらばらと出してみて、それを似たものやコンセプトの上下関係などからボトムアップに構造化するやり方です。ＫＪ法をご存知の方はイメージをつかみやすいと思います。

　ボトムアップに作成したら、今度はそれをトップダウンに整理して見直します。これを何回か繰り返してしっくりくる成熟度モデルに仕上げます。

【成熟度のレベル分けを定義する】

　上記のように診断する項目を決めたら、次に行うべきは、各診断項目の成熟度レベルの数を決めることです。**図表６－８**は５段階のレベルのイメージですが、何段階にするかは自分で自由に決められます。例えば、５段階の代わりに、成熟度レベルを松竹梅のように３段階と決めてもかまいません。段階数が少ないと、成熟度モデルの開発は楽になるし、顧客との診断セッションにかかる時間も５段階の場合より短くできます。図表６－９の営業力の成熟度診断モデルでは３段階の定義にしました。

　一般にどのようなレベル分けの定義があるかを**図表６－10**に載せました。自分が作ろうとしている成熟度のレベル定義に使えそうなものがないか、参考にしてください。ちなみにCMMとあるのはCapability Maturity Model（能力成熟度モデル）の略で、システム開発に必要なプロセスを、

6-10 成熟度のレベルの定義例

標準化のレベル（CMMの定義）繰り返して行う作業向き
レベル1 – 初期（無秩序）
レベル2 – 反復できる
レベル3 – 定義された
レベル4 – 定量的に管理された
レベル5 – 最適化している

改善への取り掛かりのレベル
レベル1 – 認識している（改善の必要性を）
レベル2 – 取り掛かり中（改善の施策を）
レベル3 – 実施中（一部の部門や業務）
レベル4 – 最適化している（全社的実践）
レベル5 – リードしている（業界最先端）

標準化や最適化に取組んでいる組織の範囲
レベル1 – 部門や業務毎
レベル2 – 複数の部門や業務
レベル3 – 全社
レベル4 – 国内の関係会社も
レベル5 – 海外の関係会社も

業務の高度化のレベル
レベル1 – 遅れている（業界下位）
レベル2 – 普通（業界平均）
レベル3 – 優れている（業界上位）
レベル4 – 圧倒的に優れている（業界トップ）

組織の成熟度レベルに応じて導入できるように体系的にまとめたモデルです。成熟度モデルの世界では草分け的存在で非常に有名です。また**図表6－11**は、「改善への取り掛かりのレベルの定義例」の詳細定義の例です。

　注意が必要なのは、「改善への取り掛かりのレベル」や「業務の高度化のレベル」のようなレベル定義を選択した場合、最上位のレベルは、技術の進展などに伴い、比較的短期間で、ダイナミックに変化していくことです。外部の情報をチェックしながら、マメに更新する必要が出てきます。たとえば、「改善への取り掛かりのレベル」のレベル5は「リードしている（業界最先端）」ですが、どうなっていればリードしているという状態なのかは、年月の経過により変わってきます。

▶ ソリューション集の作り方

　診断項目ごとに、現状の成熟度をレベルアップさせるためのソリュー

6-11 改善への取り掛かりのレベルの定義例（詳細）

成熟度レベル

5 **リード** ― 当該能力は、他社との差別化の要因になっている、或いは、他社からお手本と目されている。業界でトップ企業、一流企業と言われている企業が、この能力を持っていることが多い。

4 **最適化** ― 能力を獲得しただけでなく、全社的に、日々の業務で実施されており、部門や業務をまたがって、高度に統合されている。当該能力に関して、業界でかなりしっかりできている企業の一つと、自他ともに認めるところとなっている。

3 **実施中** ― ベーシックな能力を既に、実施している。ベーシックな能力は、業界で一般的に行われているものと同等なものである。この実施は、必ずしも、全社的に行われておらず、一部の部門や業務で実施されている。

2 **取り掛かり中** ― ベーシックな能力の獲得に向けて、タスクやプロジェクトとして取り掛かっている最中である。取組には、標準業務プロセスの定義や、ツールの作成、スキルに関る研修の実施、IT化の計画作成などがある。

1 **認識** ― 必要な能力を殆ど持っていない。能力の獲得の必要性は認識しているか、その必要性すら、未だ認識されていない。

0

6-12 成熟度を上げるためのソリューション集のテンプレート

診断項目：XXXX	レベルN ⇒ N+1
顧客の現状のレベルの問題点 現状のままで放置すると、どういうデメリット（例：コスト高、機会損失、低品質な製品や作業など）があるのかを記述する	● 成熟度をレベルアップするための解決策の概要を説明する ● なるべく図表を入れ、ポイントを分かりやすくする工夫をする
ターゲットレベルへの改善メリット 成熟度のレベルアップを図るとどんなメリットがあるのかを記述する できるだけ、数値でメリットを示す また、事例があれば、それにも言及する	

ションは一般的にパターン化できます。そのため、成熟度診断を行った営業パーソンがその都度、ソリューションを考えるよりも、成熟度診断ツールの作成の一環としてソリューション集を作成しておけば、皆で共有でき、成熟度診断に関する営業効率を上げることができます。言わば、「社内用のソリューション集虎の巻」というものです。

図表６−１２はそのテンプレートの例です。左側には顧客が現状のレベルのままでいるとどのようなデメリットがあり、レベルアップすることでどんなメリットがあるのかを記述します。また右側には、成熟度のレベルアップを実現するための解決策の概要とイメージを図示し、簡便にどのようなものかを瞬時にわかるよう、工夫します。図表６−１３は記入イメージの例です。

６−１３ 成熟度を上げるためのソリューション集の例

- オフィス最適化診断の診断項目に複写機、プリンターの利活用の成熟度診断
- レベル１をレベル２に挙げるソリューション

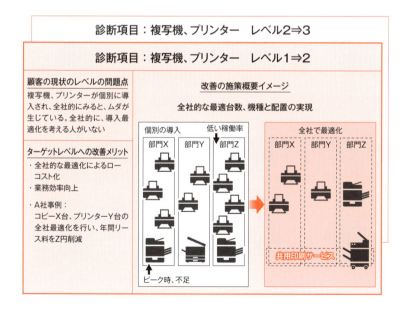

診断セッションのファシリテーション法

▶ 成熟度診断ではファシリテーションが重要

　成熟度診断では、活発に議論できる雰囲気作りや、しっかりとしたセッションの時間管理、わかりやすいセッションの進め方、効果的な議論の整理や要約などが重要です。これらを上手に行うには、ファシリテーションのスキルが重要になります。

　図表6-14は案件発掘を目的とした成熟度診断を実施した結果、見つかった課題の数が少なかった、あるいは課題は一応見つかったが、その質がよくなかったなど、案件機会を発掘するという観点から見てうまくいかなかったときに原因分析をしたものです。課題の質が良くないとは、課題が抽象的すぎて具体化できていない、あるいは出席者の全員の総意ではないといった問題があるものです。このような課題では、その解決策の提案もあまり良いものができない傾向があります。色掛けがされているところは、ファシリテーターのスキルに起因するもので、その数が多く、いかにそれが大切かわかると思います。

　ファシリテーションがうまくいかない場合、顧客参加者の中には、「私一人くらい参加しなくてもいいだろう」と消極的な人が出たり、現状や将来のあるべき成熟度に関して参加者間に意見の対立が生じ、決めるのに時間がかかってしまったりといった問題が起こり、うまく診断セッションが進みません。

　逆に、ファシリテーターがわかりやすくセッション進行の組立を事前に提示し、ペース配分がよく、流れが自然、聞き手の状況に応じて臨機応変に対応できる、表情が豊かで、笑顔やアイコンタクトが多い、堂々としていて安心感があるなど、上手に進行できれば効果的なセッションになります。

　図表6-15はファシリテーション・スキルの簡易的なチェック表です。試しにご自分のスキルをチェックしてみてください。スコアが低かった場合は、実地で経験を積むと共に、ファシリテーション関連の書籍を読んだり、研修に出たりしながらスキルを高め、ときどきこのチェック表でスコアが上がっているか確認してみるとよいでしょう。ファシリテーション・スキルを身に付けると、成熟度診断のような顧客とのセッションだけでなく、社内のミーティングにも使え重宝します。

6-14 診断セッションの成否はファシリテーターの腕にも依存する

6-15 あなたのファシリテーター度はどの位？

連番	チェック項目	評価
1	効果的にワークが進められるように主体的な参加を促すことができる	
2	「指導者」ではなく「援助者」、「先導者」ではなく「伴走者」であるというスタンスを持ち、脇役になれる	
3	参加者の意見をよく聞き、多様な価値観を受け入れることができる	
4	時間配分の管理や、テーマから外れないような対応ができる	
5	話し合いの論点をまとめたり、確認を行なったりすることができる	
6	気づきを促したり、振り返りの時間をつくったりすることができる	
7	話し合いの状況にあわせて臨機応変に柔軟にその場の状況に対応できる	
8	場の雰囲気を大切にできる	
9	参加者を批判しない	
10	緊張や不安をなくすような明るい雰囲気をつくることができる	
11	自分の間違いや、知らないことを素直に認めることができる	
12	出しゃばらず、参加者を信頼し「待ち」の姿勢で対応できる	
	合計点	

5：まさに該当する
3：まあ、該当する
1：ほとんど該当しない

合計点 48点以上
➡ バリバリできます

合計点 34点〜47点
➡ もうちょっとです

合計点 33点以下
➡ 頑張りましょう

● ファシリテーションのモデル

ファシリテーションを効果的に行うには、一般に次の4ステップからなる"FISH"モデルが参考になると言われています。

1. Frame（枠組みの決定）：参加者と議論の枠組みを決定
2. Investigate（探求）：議論のトピックを掘り下げ、参加者全員から

6-16 ファシリテーションの枠組み

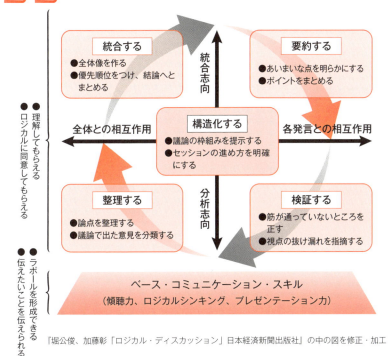

『堀公俊、加藤彰「ロジカル・ディスカッション」日本経済新聞出版社』の中の図を修正・加工

アイディアや意見を集める
3. Shape（具体化）：参加者から出てきたアイディアや意見を整理し、議論を具体化する
4. Harvest（収穫）：議論に基づき、決定事項をまとめる

　シンプルで覚えやすいので、緊張する場面でも頭の隅に「FISH」を意識しながらファシリテーションを行うことができると思います。
　もう少し詳細なファシリテーションのモデルを**図表6-16**に示しました。図の台形の部分、「ベース・コミュニケーション・スキル」はファシリテーションのテクニック以前に、コミュニケーション・スキルが基礎になることを示しています。出席者の意見を傾聴したり、皆が発言しやすい雰囲気を作り出したりするには、第4章で説明したように非言語コミュニ

ケーションと言語コミュニケーションのスキルが重要です。

　この土台があってこそ、その上の「構造化する」や「要約する」、「検証する」、「整理する」、「統合する」というロジカルな流れを実現し、効果的なファシリテーションが可能になります。

- 「構造化」

　まず、議論があらぬ方向に脱線しないように、その枠組みを決めます。一般的には、何をテーマに、どのようなアジェンダで、どのように議論し、期待されるアウトプットは何かなどを出席者に徹底する必要があります。

　成熟度診断の場合は、診断のテーマや診断項目ごとに現状とあるべき成熟度を回答してもらうという枠組みが明確なので、この構造化については通常、問題になりません。ただし、成熟度モデルの出来が良くなく、例えば、顧客から見て必要な診断項目が抜けているなどの指摘があり、この議論の構造自体に異議が出る場合は、それを解消する必要があります。

- 「要約する」

　ファシリテーターは発言者の言っていることを皆がわかるように適宜要約する必要があります。ファシリテーター自身が理解できない場合や他の出席者が理解していない様子の場合、発言者に何を言いたいのかを明確にしてもらいます。日本人の習慣からなのか、結論を先に言わず、長々と周辺的な話をして、ミーティングの時間が無駄に取られてしまうこともよくあります。その場合は、発言者が最も言いたい事を初めに言ってもらうよう頼みましょう。これに関しては、第5章で説明したPREP法が参考になります。

- 「検証する」

　発言の内容は筋が通っているか、論理の飛躍は無いかなどをチェックしながら聞き、疑問があれば指摘します。例えば、「A社がそうだから、当社もこれでよい」という意見は、他社の状況を引き合いに出していますが、それが顧客の会社に当てはまる保証はどこにもありません。この検証をおざなりにしておくと、後で実施結果報告書を作成する際、顧客の発言をまとめるのに苦労し、さらには診断で見つかっ

た課題の正当性を担保しにくくなります。
- 「整理する」
    現在の成熟度レベル、現状の問題、改善のニーズなどに関する様々な意見や議論、顧客の間での相違点を整理し、論点を明確にします。
- 「統合する」
    議論の全体像がわかったら、結論へと統合します。多くの場合、議論をどうまとめるかは難しく、ファシリテーターの腕の見せ所です。まとめ方次第で、意味が変わるし、伝わり方も異なってきます。顧客参加者の納得感のある結論を導き出すことにより、それに基づく実施結果報告書も説得力があるものになります。

こうしてみるとファシリテーションというのは奥が深いことがわかると思います。上記のような基本的知識を得た後は、自分自身で行い、経験を積んで上手くなるしかありません。人に教えることができる機会があれば更に上達のスピードが上がります。筆者は数百社にのぼる企業でIT系の成熟度診断を行った経験があります。テーマは同じでも、顧客の環境や出席者の違いなどにより、同じ診断セッションにはならず、毎回、新たな発見がありました。沢山の成熟度診断を実施した経験により、社内の営業系の人たちに成熟度診断のファシリテーション法の教える講師にもなりました。人に教えることが、自分が一番効果的に学べる方法だと思います。

成熟度診断は組織で推進する

成熟度診断を顧客にとって価値のあるものにすると共に、効率的に実施するためには、チームで成熟度診断を推進することが必要です。
このためには、図表6-17のように、成熟度診断の推進リーダーを決める必要があります。この人の役割は、

- 社内で成熟度診断推進のプロモーション
    社内で成熟度診断に対する認知度を上げ、活用を呼びかけます
- 成熟度診断関連資料の標準化と展開
    診断を実施する中で、改善が必要な点が色々と出てくるのが普通で

6-17 ナレッジ共有で、診断ツールのパワーアップ

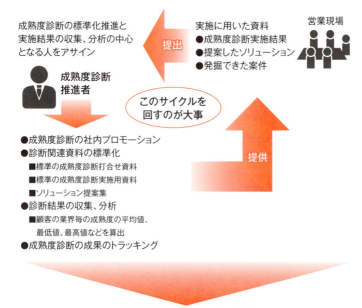

　す。各実施者がそれぞれ自分なりの修正をしていくと、資料に多くのバージョンが発生し、どれが正なのかわからなくなってしまいます。そのような混乱をさけるため、推進リーダーのところで常に最新版の標準資料を持ち、それを社内に展開するようにします。

● **業界ごとの成熟度診断の結果の統計値算出**

　診断を行った営業パーソンからその結果を提供してもらい、一ヶ所にデータを蓄積することで、業界毎の成熟度の平均値、最低値、最高値などを算出します。

　診断を実施する営業パーソンはその最新のデータを推進者の人から教えてもらうことで、実施した顧客の現状の成熟度レベルと業界全体のレベルとの乖離などを分析し、診断結果の報告書を作成することができます。

　このような情報共有のためには共用フォルダーやストレージクラウドなどを活用し、業務の効率化を図ります。

● 成熟度診断のビジネスへの貢献をトラッキング

　成熟度診断の推進者は、実施した営業パーソンから、成熟度診断の結果、発掘できた案件数、案件のサイズなどの情報を得て、成熟度診断がビジネスにどれだけ寄与しているかを測定します。そしてビジネスへの貢献を高めるため、PDCAのサイクルを回しながら成熟度診断のツールの改善や実施法の改善を継続します。

　この成熟度診断による案件発掘法と、顧客訪問数を多くし、言わば足で稼ぐことにフォーカスする一般的な営業活動との効果比較は、どこの企業でも必要とされると思いますので、このビジネストラッキングを行うことは必要です。

以上のような組織的な取り組みを推進し、継続させるためには成熟度診断への取り組みに対する経営層の支持も必要です。私自身、成熟度診断ツールの開発リーダーをしている際、最初の1、2年はその取り組みを否定する人が少なからずいました。その際に役員の方々から強力なサポートをもらい、粘り強く進めることができました。このときに改めてリーダーシップの大切さを学びました。

第6章のまとめ

1 CMBOI法は成熟度診断ツールの作成法とその実施法とで構成される
   筆者の経験を基に体系化した手法で、CMBOIはCapability Maturity Based Opportunity Identification（能力の成熟度に基づく案件獲得機会の識別）の略称

2 成熟度診断とは、営業力や働き方改革の進み具合、グローバル化の程度など、一見、数値化しにくいものを数値化して改善につなげようという手法
   旬のテーマや企業の永遠のテーマ（コスト削減やセキュリティなど）は顧客からの診断の要望が多い

3 成熟度診断の営業にとってのメリット：
   1. 新規顧客開拓のツールになる
   2. 実施すると多くの課題を発見でき、提案できる機会も多く発掘できる
   3. 成熟度診断のためのツールさえ準備すれば、比較的経験の少ない営業パーソンでもコンサルティング営業ができる

4 顧客のメリット：
   1. 無料でコンサルティングをしてもらえる
   2. 同業他社との比較ができる
   3. 関係者が参加することで、課題や課題の優先度に関する社内の合意形成ができる

5 成熟度診断用に用いるものは、成熟度診断用ツールと診断結果の記入表、成熟度を上げるためのソリューション集
   チームで資料の標準化やメンテナンスを行う

6 効果的な診断実施のために顧客との事前打合せは重要
   アウトプット・イメージや診断対象の範囲、成熟度診断への参加者候補、診断実施スケジュール、ビジネス課題について打ち合わせる

7 成功裡に成熟度診断を行うためにはファシリテーションスキルが鍵
慣れない内は社内でリハーサルを行ったり、関係の良い顧客でパイロット的に行ってみる

8 成熟度診断の推進者を任命し、組織的な成熟度診断推進の取り組みが必要
そのためにはスポンサーエグゼクティブなど経営層の支持が必要

新規大型案件発掘手法を組織として推進するには

第7章

ここまで、営業担当者がPOLO法やCMBOI法を使って大型案件を発掘する方法を説明してきました。しかし、これらを単に営業担当者にやれと命令するだけではうまくいきません。というのも、訪問件数などの活動量を重視する一般的な営業法との違いが大きいためです。

本章では、この新しい手法を組織に導入し、定着化させて、ビジネスに貢献するために行うべきことを説明します。

一般的な営業法となにが違う

大型案件発掘手法の特徴を整理すると、次の4つに要約できます。

---

1. より大きな目標金額を設定する
2. こちらからターゲット顧客に提案をしかける営業法を重視する
3. より高度なスキルが必要になる
4. 案件獲得まで、長期的な視野も必要になる

---

1. より大きな目標金額を設定する

　大型案件を意識的に狙う場合、その準備から実施に手間と時間をかけるので、その対価として大きな売上目標を設定します。一案件で金額の大きいものを狙うだけでなく、CMBOI法のように、数多くの案件機会を発掘してトータルで大きな金額を獲得して達成するのでもかまいません。どちらのやり方にしても、大型案件獲得を狙うのがミッションである営業パーソンの目標金額は大きく設定し、一般の営業パーソンと区別する必要があります。

2. こちらからターゲット顧客に提案をしかける営業法を重視する

　大型案件は待っていても声がかからないことがほとんどです。大型案件発掘のためには問い合わせを待つのではなく、攻めの営業を行う必要があります。これまで説明してきたように、重要顧客やここぞという新規顧客などのターゲット企業を慎重に選択し、十分な準備をしてアプローチをする必要があります。

　営業プロセスでいうと、こちらから提案を仕掛ける営業法はステッ

プ1からであり、顧客からの問い合わせやRFP（Request for Proposal：提案依頼）を起点とする営業法はステップ2からです。したがって大型案件発掘のためには、営業ステップ1をどれだけ行っているかにフォーカスします。

3. より高度なスキルが必要になる

大型案件発掘のためには、顧客に関する情報収集や仮説ベースでの課題分析、複雑な営業シナリオの組み立て（誰に何をどうアプローチするか、顧客内での複数の案件の取りこぼしがないようにどう時間と労力を配分するかなど）や、複数の顧客キーマンとの込み入ったコミュニケーションを行う必要があります。そのため、営業パーソンの考える力や判断力が重要になり、言われたことをただ一生懸命こなすのではなく、自律的に動ける人である必要があります。

また、こちらから提案を仕掛ける営業法なので、顧客の業務や業界に関する知識も必要です。様々な業界・業種の顧客にアプローチできるためには、初めのうちはほとんど知識がなくても、クイックに知識を得る能力が必要となります。そのため、仕事の雰囲気もコンサルタントや弁護士のような高度なスキルを持つ知識労働者と似るようになってきます。

したがって、営業管理の方法も、訪問件数などの活動量にフォーカスして機械的に営業プロセスを必死に回すようなやり方は合わなくなります。「なんでもいいから提案してこい」、「営業は足で稼ぐんだ」といった営業管理者の指示や叱咤激励は大型案件発掘法には馴染みません。

マネジメントは表面的な進捗監視や指示ではなく、大型案件発掘に関する指針（例：ターゲット顧客の選定、POLO法と使うのかそれともCMBOI法を使うのかなど）を提供する必要があります。さらに必要な資源（例：社内の専門家の協力や経営陣の支援など）の提供やどのように営業を進めるかの裁量権を営業担当者に与える必要があります。

4. 案件獲得まで、長期的な視野も必要になる

大型案件発掘には、周到な準備、そして顧客との複雑な打ち合わせや交渉などが必要になるため、どうしても時間がかかります。契約獲

得に半年や1年かかることは多く、顧客の事業変革に関わる大規模な案件のような場合、数年かかるものもあります。

　最近、企業は中長期的な成長よりも、短期の業績を重視するようになってきており、単年度、あるいは四半期の目標をどう達成するかにフォーカスする営業管理が多いように思います。四半期の終わりが近づくと、売り上げの数字を作ろうと値引きに走ったり、大型で複雑なソリューションを提案する代わりに、単純な製品を売ったりする方に意識が働きます。

　大型案件の発掘を推進するということは、比較的シンプルで値段の張らない商品を効率的に売るのと違い、顧客の経営変革や事業改革のような大きく複雑なプロジェクトに関わる案件を見出そうとすることであり、結果を出すにはある程度時間がかかるのは自明です。したがって、すべて短期志向で管理するのではなく、大型案件獲得をミッションとする営業パーソンに対しては、長期的な視点も維持した管理をする必要があります。

大型案件発掘手法推進にはリーダーが必要

　上述のように、大型案件発掘の営業法にはその特徴があるため、これまでと同じ営業管理法を行っていては、担当者は適切に評価されず、支援も受けられず、場合によっては異端者扱いされてしまう恐れがあります。営業チームにうまく根付かせるためには、マネジメントの理解や支援、そして適切な評価法が必要です。

　大型案件発掘法を推進しようとマネジメントが思っても、やる気になる営業パーソンもいれば、以下のような理由で、消極的な人や、場合によっては抵抗勢力になる人も出てきます。

- 失敗するのが怖く、新しいことには挑戦したくない
　　心理学でいう防衛機制が働き、失敗するリスクを避けようとします。
- これまでのやり方に慣れ親しんでおり、新しいやり方をするのは面倒だ
　　ルーチンワークが好きな人や、頭が悪いですからなどと言って、新しいことを覚えようとするのが嫌いな人です。筆者の経験でも、意外

とベテランと言われる営業パーソンが新しいやり方を吸収できず、比較的若く、経験の少ない人の方が覚えの早いことがよくあります。ベテランの営業パーソンや営業経験を持つ管理者が、「お客様に簡単なコンサルテーションをすると言っても、それを受けるお客様はいないだろう」、あるいは「プロのコンサルでもない営業が課題を見つけられるわけがない」、「営業は四の五の考えていないで、数を打つほうが大事」などと抵抗勢力側に回って足を引っ張る人もいます。私も大型案件発掘手法を開発しながら、顧客に適用を始めた数年は、このような人たちの抵抗を受けました。結果を示すことで、だんだんと批判する人が減りましたが、粘り強くがんばれたのは当時の経営陣の理解と支持があったことが大きな理由です。

- 早く、簡単にできることしかやりたくない

短期的な結果を求め、スキルの習得に時間がかかったり、長期的な視野で考えたりするのが苦手な人です。

このように新しい営業手法の導入に消極的、あるいは反抗的な営業パーソンが現れることは十分あり得ます。そのため、営業組織の長は部下を管理するだけでなく、図表7－1のように、大型案件獲得の営業を実現させるために、変革のリーダーシップを発揮することも必要です。新しい営業手法の実施を現場担当者に任せるだけではなく、組織の長が積極的に支持し、旗を振ることにより、抵抗勢力や消極的人間、傍観者を減らすことができます。

リーダーは夢やビジョンを語るとともに、チーム全員が参加する仕掛け作りをすることが必要です。例えば、後で説明するようなスキルアップのための施策や適切な人事評価、インセンティブの提供などです。またCMBOI法の説明で述べたように、チームで協力して情報の共有・蓄積の推進ができる体制づくりも必要です。

7-1 大型案件発掘手法推進にはリーダーが必要

	マネージャー	リーダー
役割	管理者	変革者
行うこと	決められたことを、確実に実行する	営業チームの付加価値を最大化する
進め方	決められた手順に従う	新しいやり方を積極的に採用し、やるべきことをやり抜く
ふるまい	ルールやプロセスへの順守への執着、前例の踏襲	主体性や自ら考え行動することを重んじる
チームの動かし方	指示と命令	ビジョンの共有、コミュニケーション、動機付け

大型案件発掘手法を適用するターゲットの選定法

　POLO法やCMBOI法は大型案件の発掘に有効な手法ですが、その実施には手間や時間がかかります。

　POLO法の場合、顧客に関する情報、特に中期的な戦略に関する情報をできるだけ収集・分析します。そしてそれに基づいてPOLO法のロジックツリーによる仮説ベースでの課題の想定をします。また、発掘した課題に対し、案件の大型化ならびに顧客に提供できる付加価値を増すため、トータルソリューションの提案や将来のあるべき姿を実現するためのロードマップに基づく提案をします。

　一方、CMBOI法は成熟度診断実施前の顧客との打ち合わせやその実施、診断実施結果報告書を作成し、その報告を顧客へする中で提案機会を獲得するというステップを踏みます。また、成熟度診断ツールは一旦作ってしまえば、そのメンテナンスは大した手間ではありませんが、最初に作る際にはかなりの労力がかかります。

　営業パーソンの数は限られていますし、営業パーソン一人あたりの営業活動時間にも限りがあります。そのため、このような比較的手間のかかる営業手法を全ての顧客に適用しようとするのではなく、営業管理者は限られた営業リソースをどのターゲット顧客に投入するのかよく検討する必要

があります。

　ではどのようにターゲット顧客を選べばよいのでしょう？**図表７－２**は顧客を企業規模（購買力）と顧客内シェアの観点から、拡大・関係強化顧客、維持顧客、開拓・攻略顧客、成行（なりゆき）顧客の４種類に分類したものです。

　ここで、横軸の企業規模は購買力とほぼ比例するとみなしています。また、縦軸の顧客内シェアとは、自社の売り上げに対する顧客の支出額全体の割合です。顧客の総支出額は正確にはわからないことが多いですが、合理的に推定します。

　例えばITベンダーの場合、各種調査結果で公表されている業界ごとの売上高に対するIT予算比率を用います。銀行は７％前後、製造業は0.7％前後、流通業は0.6％前後などと言われています。顧客の売上高とこの業界別IT予算比率から顧客の予算額を推定します。さらに顧客での自社のIT製品・サービスの売上高から、顧客内シェアを出します。

　縦軸の顧客内シェアの高低と横軸の企業規模（購買力）から決まる４象限ごとにPOLO法やCMBOI法を適用すべきかどうか検討します。

● **拡大・関係強化顧客**

　売上高と顧客内シェアが共に高い重要顧客です（**図表７－２**右上の象限）。この顧客層では、さらなるシェア拡大と顧客との関係強化を狙います。売り上げに関してはよくパレートの法則が当てはまると言われますが、多くの企業では、全体の８割の売り上げをトップ２割くらいの企業から得ているという状況がよくあります。このトップ企業群が重要顧客です。

　重要顧客での継続な売り上げを達成していかないと、もしそれが無くなった場合、他の顧客からの売り上げで補填をしようとすると大変苦しい思いをします。そのため、企業は顧客との関係を密接にし、顧客のパートナー企業でありたいという言葉をよく口にします。では、その企業は重要顧客に関してPOLO法のロジックツリーを書けているでしょうか。本当のパートナーであれば、顧客のビジネスの目的、そのための戦略、そして戦略を実現するための課題を把握できているので、それを書けるはずですが、残念ながらそうでない企業が多くあります。そういう企業は、パートナーでありたいという想いとは裏腹

に、単なる売り子（ベンダー）であると言わざるを得ません。

また、自社にとっての重要な顧客は、競合他社からみれば何とかこの状況をひっくり返して顧客内シェアを奪いたいと願っている対象です。そうならないようにも、POLO法のロジックツリーを作成・更新し、顧客と課題の発見や整理をする必要があります。そうすると的確な対応をすることが可能になり、顧客が不満をためることもなく、競合他社が付け入るスキのない、真のパートナーになることができます。

● 開拓・攻略顧客

顧客の企業規模が大きく、自社の企業内シェアは低い、あるいはゼロのところです（**図表7－2**右下の象限）。大きな企業にはすでにどこかのベンダーが入り込んでいることが普通です。そういうところに自社も浸透を図りたいと、どこの企業も願っています。また、多くの中小企業はブランドイメージがないため、なんとか大企業や有名企業で案件を獲得したいと切望します。なぜならそのような企業が新たな取引先になってくれれば、良い事例として箔がつき、他社への営業がしやすくなるからです。

このようなターゲットには営業リソース（人、時間）の投入を思い切ってする必要があります。ほぼ新規顧客になるので、自社商品の売込みを前面に出したソリューションもどきの営業法は効果的ではありません。POLO法やCMBOI法はこれまで付き合いのない企業に対しても比較的適用しやすいので、これらの手法をこの顧客層に適用すると効果的です。

● 維持顧客

この顧客層（**図表7－2**左上の象限）に対しては、営業リソースを効率的に投入し、現状の売上を確保することを基本的に考えます。ただし、顧客の業績が向上して優良顧客になる可能性のある場合や、競合他社からの売込みが激しく、他社に奪われてしまう可能性が出てきた場合は、POLO法やCMBOI法などを適用し、新たな案件の発掘やより深い顧客理解に基づく的確な対応をするようにします。

● 成行顧客

この顧客層に対しては営業リソースの投入を抑え、POLO法やCMBOI法ではなく、当座的な営業対応に留めます。

7-2 大型案件発掘手法の適用ターゲット選定モデル

- 拡大・関係強化型顧客（売り上げが大きい重要顧客）
  ⇒ POLO 法、CMBOI 法を使って顧客内シェアをさらに高める
- 開拓・攻略型顧客（飛躍的な売り上げ獲得を狙う顧客）
  ⇒ POLO 法、CMBOI 法を使って新規顧客・案件開拓を行う
- 維持顧客（現状の売上を確保する顧客）
  ⇒ 優良顧客になる可能性のある顧客に POLO 法、CMBOI 法を適用して顧客内シェアをさらに高める
- 成行顧客 ⇒ 営業努力を極力抑えて成行に任せる

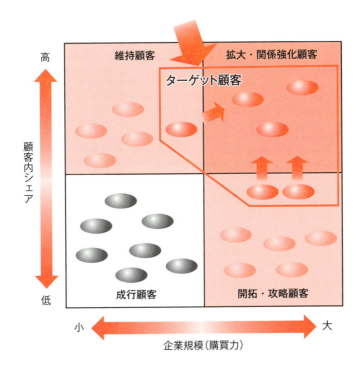

大型案件発掘推進のための管理指標

「こんな課題はありませんか、それならこの製品が解決の役に立ちます」という売り方であれば、このセールストークが顧客にはまるか、はまらないかというシンプルな見極めで済みます。したがって、営業管理の視点からは、数をたくさん打てばよいという発想になります。その理由は売り上げを次のように要因分解してみればわかります。

> 売上 ＝ 訪問件数 × 見込み客化率 × 成約率 × 客単価

この式の中で一番コントロールしやすい変数はどれでしょうか。見込み客化率や、成約率、客単価を改善するのに比べて、訪問件数はチェックしやすいですね。したがって、営業リーダーが一番に重視する管理指標はこれになるわけです。実際、私が関わった企業の多くでは、営業リーダーが部下の営業活動のチェックをする方法として、毎日あるいは毎週、顧客への訪問をどれだけ行ったかという行動量を重視していました。このような管理方法では、営業パーソンの体力と気力ばかりを要求することになってしまいます。営業活動の質の管理や、質を向上させる支援の提供に対しては焦点があてられず、管理方法の改善が必要です。

大型案件発掘の営業法は一般的な営業法と異なるところが多くありますが、その推進をするために、管理者はどこに気をつけるべきでしょうか？車を安全に運転するために、スピードや燃料などの状況を示すメーター類を見るのと同じように、大型案件発掘の推進にあたっては、この目的に合った適切な管理指標（メーター類）を用いて効果的な管理することが必要です。

一般に管理指標は次の3種類に分けられます。

> ① 業績に関する指標…売上や利益など、業績目標そのもの
> ② 成果に関する指標…業績達成に伴って重視する成果目標。受注金額や解約阻止数、顧客満足度など
> ③ 行動に関する指標…望ましい行動を推進するような指標。例えば、新規案件発掘数や案件化率、成約化率など

　管理指標というと KGI（Key Goal Indicator の略で、重要目標達成指標のこと）や KPI（Key Performance Indicator の略で、重要業績評価指標のこと）という言葉が有名ですが、上記の①と②は KGI、③は KPI になります。

　POLO 法や CMBOI 法を用いて課題発見型営業を推進し、大きな契約金額獲得を達成するには、どんな管理指標が適当でしょうか。以下にサンプルを紹介します（**図表 7 − 3**参照）。

【業績に関する指標】

●売上、利益
　　大型案件発掘を担当する営業パーソンに対してはやはり大きな金額の売上や利益の目標を設定します

【成果に関する指標】

●受注金額、見積金額
　　大型案件の売上に直結する受注金額と、その前提となる見積金額も上記同様、比較的大きな金額を設定します

●顧客満足度
　　先に述べたように、多くの企業では、総売り上げの 8 割はトップの 2 割の顧客から得ているというパレートの法則が当てはまることが多くあり、この重要顧客で継続的に売り上げを獲得していくことは企業の存続にかかわる大事です。そのためには、単なる製品売りではなく、顧客の戦略と課題を理解し、それに対応する提案をして顧客へ付加価値を提供することで、顧客のパートナーとなる必要があります。

7-3 大型案件発掘推進のための管理指標例

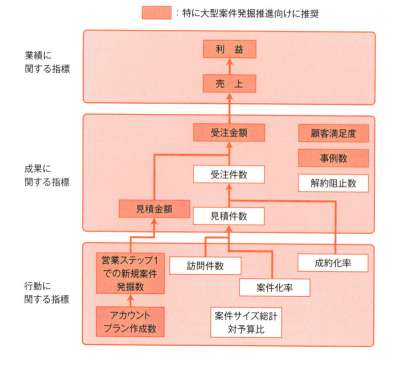

　顧客から見て、ベンダーが良いパートナーであるかどうかは顧客満足度に表れます。顧客満足度に影響を与える要因はさまざまありますが、営業パーソンは顧客にとって会社の顔であり、特に大型案件担当の営業パーソンは、顧客の役職者に接する機会が多いので、顧客満足度を管理指標に入れてもよいでしょう。

● 事例数

　大きな案件は、投資予算を多く持つ大企業で発生する傾向にあります。中小企業からすると、大企業での大きな金額の案件を期待できるのはもちろんのこと、大企業との取引実績を作り、事例となってもらえば、自社およびその製品に箔が付くことに大きな魅力を感じます。いったん、大企業や有名企業で事例ができると、それを活用して、他社への売り込みが格段にしやすくなります。したがって大型案件発掘

を担当する営業の評価として、どれだけ事例を獲得できたかを管理指標に入れることも考えられます。

【行動に関する指標】
- 営業ステップ１からの新規案件発掘数

　課題解決型営業にシフトするためには、営業ステップ１で顧客の課題発見や整理を行った結果、発掘できた新規案件発掘数を管理指標とするのが有効です。なぜなら、これまで顧客からの問い合わせを待つ受け身の営業方法や、製品の売り込みを前面に押し出した営業方法ばかりで、顧客の課題の発見や確認をほとんどしたことがない営業パーソンが多い場合、この指標を重視しないと、営業ステップ１が活発に行われません。

　大型案件発掘のための手法の定着を推進するためには、新規案件であっても、顧客からの問い合わせを起点とする案件やRFP（Request For Proposal：提案依頼）のようにソリューションを提案して欲しいと依頼されたものなどは、評価にカウントしないようにします。なぜなら、それは営業ステップ２からの活動であり、営業ステップ１から自分で発掘したものではないです。

- アカウントプラン作成数

　フォーカスする顧客とそうではない顧客にメリハリをつけ、フォーカスする顧客にはきちんとアカウントプランを作成し、営業ステップ１から戦略的に攻める習慣をつけるための指標です。アカウントプランについては第４章を参照してください。

　アカウントプランは、課題発見型営業法を推進するための重要な手段であり、課題の発見・確認をするためには、顧客のビジネスの状態やニーズ、悩み事をアカウントプランに文書化し、営業ステップが進むにつれてこれを更新する習慣を根付かせる必要があります。

体系的な組織人事・評価制度の必要性

　大型案件発掘のための営業法を組織に浸透させ成果を出すためには、営業パーソンは必要なスキルを付け、新しい取り組みに対するモチベーションを持つ必要があります。そして、営業管理者は客観的かつ公平な評価制度に基づいて営業パーソンのパフォーマンスを測り、評価しなくてはいけません。そのため、営業組織や人事制度に適切な仕組みを用意することが必要です。

　図表7－4のように、組織のビジネスプランと営業戦略に基づいて、営業パーソン個人のビジネス目標、スキル目標に展開します。大型案件発掘のスキル獲得に関しては、各営業パーソンのスキル育成プランを本人と確認しながら作成します。本書で説明したような手法を習得するための研修受講やOJTの計画を作り、その実施の進捗を管理します。実績がありそのスキルが高い営業パーソンに社内講師を務めてもらうのもよいでしょう。

　ビジネスプランの営業パーソンへの展開については、大型案件発掘を担当する営業パーソンには、大きな金額の目標やターゲットとする企業を割り当てます。その営業目標達成のためのパフォーマンスの管理については、図表7－3のような管理指標を用いてその進捗を測定します。

　給与体系については、大型案件発掘がミッションの場合、ハイリスク・ハイリターンになる傾向があるので、それを考慮したベースサラリーとインセンティブの設定をします。また給与だけでなく、一時金や表彰などによるモチベーションアップも図ります。大型案件獲得に顕著な功績があった人に賞状を出したり、その成功体験を社内イベントなどで語ってもらったりします。また当人の功績を認めるだけでなく、それを見た他の営業パーソンが、自分もそのようになることを目指そうと思うような表彰にする必要があります。

　大型案件発掘のためには、営業管理や人事管理、研修など、これまでの営業体制に対する変革が伴います。そのため、一時的な現場の混乱やそれに伴う売上減というリスクが付き物です。全社的なリスクを軽減するためには、図表7－5のように、一部の組織に限定したパイロット導入、評価・改善、全体展開・定着化というアプローチを検討するのもよいでしょう。

7-4 体系的な組織人事・評価制度が必要

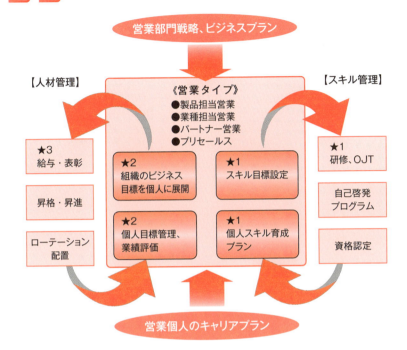

★1：大型案件発掘のスキル目標の設定とその獲得のためのプラン作成・実施
★2：大型案件獲得推進の考慮をした評価（詳しくは図表7-3を参照）
★3：大型案件獲得のモチベーションを上げるインセンティブ

7-5 大型案件発掘のための営業改革ステップイメージ

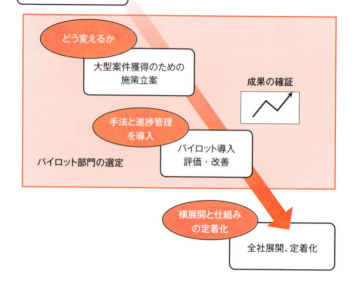

第7章のまとめ

1 大型案件発掘のための営業法には特徴がある
　1. より大きな目標金額を設定する
　2. こちらからターゲット顧客に提案をしかける営業法を重視する
　3. より高度なスキルが必要になる
　4. 案件獲得まで、長期的な視野も必要になる
　したがって、その特徴を考慮した営業管理法が必要

2 大型案件発掘手法推進にはリーダーが必要
　現場担当者に任せるだけではうまくいかない

3 営業管理者は限られた営業リソースを有効に使うため、大型案件発掘手法を適用するターゲット顧客を慎重に検討する
　拡大・関係強化顧客や是非とも獲得したいと思う開拓・攻略顧客、重要になる可能性のある維持顧客に大型案件発掘手法を適用する

4 大型案件発掘の推進のためには、それに合った業績に関する指標や成果に関する指標、行動に関する指標を用いる
　訪問件数などのような活動量だけにフォーカスする管理は効果的でない

5 大型案件発掘の推進・定着化のためには、人材管理やスキル管理の仕組み作りと、それの営業パーソンのキャリアプランへの反映が必要
　これまでの営業体制に対する変革が必要で、リスクが付き物であるので、一部の組織から始めるなど、段階的な導入も検討する

おわりに

最後までお読みいただき、ありがとうございました。

　大型案件発掘手法を説明するために、幅広いトピックをカバーするというのが本書の特徴です。

　それというのも大型案件発掘には左脳・右脳の双方の力が必要となるからです。POLO法とCMBOI法のようにロジカルで分析的な手法は左脳寄りのテクニックです。また、それだけでなく共感したり相手の気持ちを汲み取ったりするコミュニケーション力のような右脳的なスキルも持っていなければなりません。さらには経営や財務管理の基礎知識、顧客の業界・業種に関する知識も必要でしょう。

　そして、営業管理者やリーダーには、大型案件発掘を組織として推進するために必要な組織・人事管理分野での手法も不可欠です。

　大型案件獲得の力を強化するためには、このように幅広い領域の知見が必要で、いくら学んでも終わりがないと言えます。私が大型案件発掘の手法を長年追及し、今も学び続けているのは、この奥深さに魅了されているからです。

　もちろん、我々はビジネスパーソンであり、アカデミックな研究をしているわけではありません。ビジネスの前線で成果を上げるために、これからの営業パーソンは大型案件発掘手法を学ぶべきだと思っています。

　よく行われている顧客からの問い合わせを待つ受け身な営業が中心では、売り上げが下がってきたときに取れるアクションが限られてしまいます。しかし、本書で説明した、こちらから仕掛ける攻めの営業法ができれば、業績を上向かせる有効な手段となります。また、大企業や有名企業に積極的にアプローチして案件を獲得し、事例を作れば、会社と製品に箔をつけることができるでしょう。

　営業パーソンを取り巻く状況はどんどん厳しくなってきています。どこの企業もソリューション営業を謳うようになり、ソリューション営業はコモディティ化し、差別化が難しくなりました。また、顧客はインターネット革命などにより情報へのアクセスが大幅にしやすくなりました。その結

果、顧客はどんなソリューションがあるかを下手な営業よりも知っていることさえあるようになり、単に商品を説明できるだけでは営業としての価値を出しにくくなりました。さらに今後も技術が進展し、営業パーソンが介在せずとも、Webページ上やロボットとの会話で売り買いできる商品の幅がもっと広がっていくのは間違いないでしょう。

　このようななかで、将来にわたって人が営業をすることの付加価値を出し、営業という仕事を楽しんで継続するために、本書の内容をぜひ実践してほしいと願っています。

　長年にわたる試行錯誤を整理して執筆したので、読者の方々は私より効率的に実践できるはずです。そして大型案件を獲得できた時の達成感をぜひ味わってください。また、大きな案件は顧客企業にとっても重要なプロジェクトです。それに関われることで、社会に貢献しているという職業人冥利につきるやりがいも感じてください。

　本書を上梓できたのは、これまで多くの方々にお世話になったおかげです。
　日本アイ・ビー・エム時代には、顧客の高い要求にどう応えるのか、常に考えていました。課題発掘型営業法の重要性に気が付いたのは、「ウチの課題は課題がよくわからないことだよ」というお客様からの言葉がきっかけでした。この言葉にはっとさせられ、次第にこれからの営業が強化すべきはコンサルテーション・スキルである、という信念を持つようになりました。
　コンサルティング営業手法の開発とそれの社内展開のリーダーを務めた際には役員の方々から強力なサポートをもらいました。必ずしも順調な立ち上げではなく、社内からも批判や抵抗を受けましたが、経営層の支持のおかげで、約6年間、少人数の有志の仲間と共に粘ることができました。だんだんとその有効性を示せるようになり、最終的には、日本アイ・ビー・エムの標準的な営業手法の一つと認められるようにもなりました。
　退職し起業してからは、クライアント企業の方々から多くを教えていただきました。クライアントはITベンダー企業の他、広告代理店やe-learningなどのコンテンツ制作会社、携帯電話販売業、製造部品販売業など多様な業界にわたっています。また企業規模も数名から千人を超える大企業まで様々です。

営業力強化や営業戦略策定のコンサルテーションをする場合、クライアントに対して短くとも半年以上支援をします。単に教えたりアドバイスを提供したりするだけでなく、実際にハンズオン的にやってみせたりして、お教えする内容が効果を発揮し定着するように支援します。これが、毎回違う受講者に対し、基本的に同じ内容を教える研修講師とは違うところです。クライアントそれぞれに独自の環境や制約条件があり、テーマは同じでも、支援内容は毎回かなり変わります。クライアントが成功するよう、一緒に考え悩んだりする中で、多くのことを学ばせていただきました。

　本書を書く機会を与えてくださった同友館の方々にもお世話になりました。編集長、馬渕裕介さんには出版の後押しをしていただき、武苅夏美さんには編集と的確なアドバイスをしていただいたことで書籍として刊行できました。

　最後に、この本をお読みいただいた方々が、本書の手法の実践を通じて、さらなる営業成果を達成されるとともに、営業の仕事の楽しみをより深められることを祈念しています。

2019年3月
北澤　治郎

参考文献
【戦略関連】
- 『コトラーのマーケティング・マネジメント　ミレニアム版』フィリップ・コトラー、2001、株式会社ピアソン・エデュケーション
- 『企業戦略論【上】　競争優位の構築と持続』ジェイ・B・バーニー、2003、ダイヤモンド社
- 『競争の戦略』ポーター, M.E、1995、ダイヤモンド社
- 『最強の営業戦略』栗谷　仁、2009、東洋経済新報社
- Business Model Generation：A Handbook for Visionaries, Game Changers, and Challengers Alexander Osterwalder 他、2010、Wiley

【ロジカルシンキング関連】
- 『世界一やさしい問題解決の授業』渡辺　健介、2007、ダイヤモンド社
- 『プロの課題設定力』清水　久三子、2009、東洋経済新報社
- 『問題解決プロフェッショナル「思考と技術」』齊藤　嘉則、1997、ダイヤモンド社

【営業法関連】
- 『新法人営業マニュアル』北澤　治郎、2016、同友館
- 『ソリューション営業からインサイト営業へ』ブレント・アダムソン他、2014、ダイヤモンド社　ハーバード・ビジネス・レビュー
- 『ソリューション営業の基本戦略』高橋　勝浩、2005、ダイヤモンド社
- 『ソリューション営業は終わった』ブレント・アダムソン他、2012、ダイヤモンド社　ハーバード・ビジネス・レビュー
- 『大型商談を制約に導く「SPIN」営業術』ニール・ラッカム、2015（第9刷）、海と月社
- 『法人営業のすべてがわかる本』高城　幸司、2012、日本能率協会マネジメントセンター

【コミュニケーション・スキル関連】
- 『人の話を「聴く」技術』メンタルケア協会、2006、宝島社
- 『カウンセリング』伊東　博、1995、誠信書房
- 『ロジカル・ディスカッション』堀　公俊、2009、日本経済新聞社
- 『ファシリテーション・グラフィック』堀　公俊、加藤　彰、2006、日本経済新聞社

- 『ファシリテーター養成講座』森　時彦、2007、ダイヤモンド社

【組織・人材管理関連】
- 『チェンジ・リーダーの条件』P・F．ドラッカー、2000、ダイヤモンド社
- 『「ついていきたい」と思われるリーダーになる51の考え方』岩田　松雄、2012、サンマーク出版
- 『任せ方の教科書』出口　治明、2013、角川書店
- 『グロービスMBAマネジメント・ブック』グロービス経営大学院、2008、ダイヤモンド社

著者略歴

北澤　治郎
（きたざわ　じろう）

　京都大学工学部修士課程修了後、日本アイ・ビー・エムに入社。営業やマーケティング、戦略企画、事業管理、ソフトウェア製品企画・開発などの分野でライン管理者・部長を務める。営業戦略策定や新商品のマーケティング、事業戦略策定、事業管理の経験多数。

　営業時代は、トップコンサルティング営業パーソンとして活躍。独自開発したコンサルティング営業手法を300社に上る企業で実践し、大型案件の獲得により日本アイ・ビー・エム社長賞を受賞。この手法は、日本アイ・ビー・エムの標準的な営業手法の一部となり、海外IBMへも展開。

　2013年末に退職し、株式会社JCNBを設立。大企業から中小企業まで、顧問先企業や東京商工会議所の会員企業など数十社に支援サービスを提供。特に、営業力強化や新規事業戦略策定、新商品開発企画、販売促進プロモーションの支援に力を入れている。

　「楽しく仕事をしながら、これまで得た知見を社会に還元する」がモットー。

主な保有資格
- 経済産業大臣登録　中小企業診断士
- ITストラテジスト（情報処理技術者国家試験合格）
- キャリアコンサルタント

株式会社JCNB
http://www.jcnb.jp/

2019年4月5日　第1刷発行

新規大型案件を獲得できる
最強の営業メソッド

Ⓒ　著　者　北　澤　治　郎
　　発行者　脇　坂　康　弘

〒113-0033　東京都文京区本郷3-38-1
　　　　　　TEL.03(3813)3966
発行所　株式会社 同友館　FAX.03(3818)2774
　　　　　　https://www.doyukan.co.jp/

落丁・乱丁本はお取り替えいたします。　　三美印刷／松村製本所
ISBN 978-4-496-05407-5　　　　　　　カバーデザイン・ライラック
　　　　　　　　　　　　　　　　　　　Printed in Japan

> 本書の内容を無断で複写・複製（コピー）、引用することは、特定の場合を除き、著作者・出版者の権利侵害となります。また、代行業者等の第三者に依頼してスキャンやデジタル化することは、いかなる場合も認められません。